l…

du musée d'

Orsay

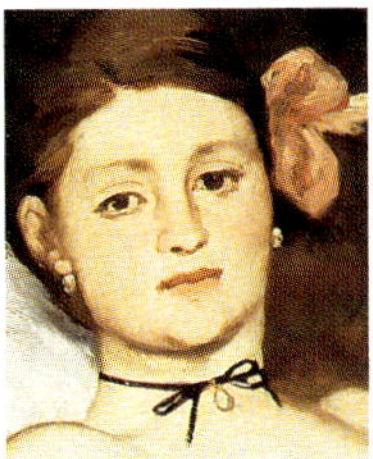

Quentin Bajac
Marc Bascou
Laurence des Cars
Chantal Georgel
Emmanuelle Héran
Geneviève Lacambre
Caroline Mathieu
Jean-Michel Nectoux
Sylvie Patin
Marie-Pierre Salé
Philippe Thiébaut

Flammarion

LES QUESTIONS QUE L'ON SE POSE

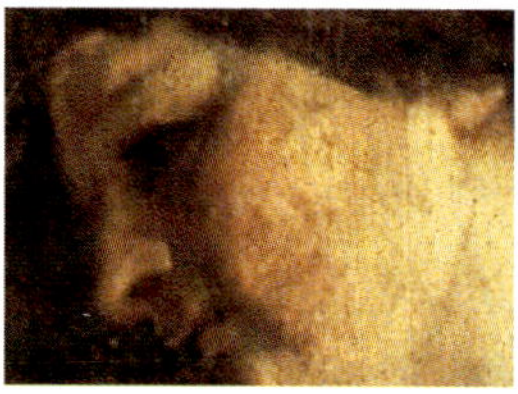

1848. Courbet rompt avec la peinture académique. Pourtant, quand s'affirme le réalisme, la tradition classique et le romantisme ne sont-ils pas en pleine redéfinition ?

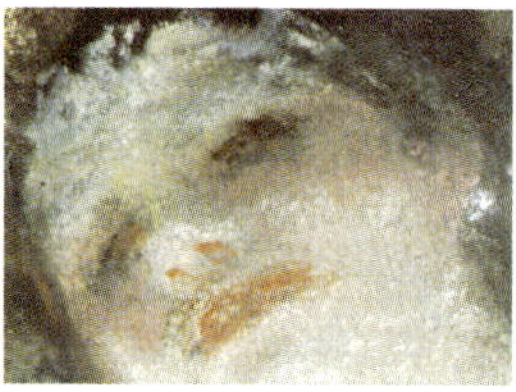

1874. Première exposition des impressionnistes. Plus d'un siècle après, leurs œuvres, à l'étroit au musée du Jeu de Paume, ont trouvé plus d'espace à Orsay. Si le musée leur offre une place de choix, se borne-t-il au culte de Renoir et Monet ?

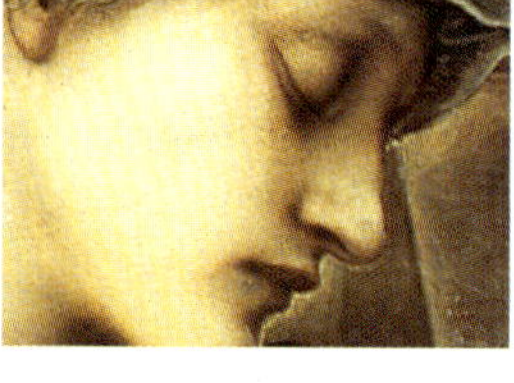

Où trouver, au tournant du siècle, les ferments de l'art à venir ? Faut-il se tourner vers Bruxelles, Glasgow ou Vienne, foyers de l'Art Nouveau ? Du symbolisme à Matisse et Frank Lloyd Wright, Orsay ouvre sur notre siècle.

COMMENT L'ABCdaire Y RÉPOND...

Le guide de l'abécédaire p. 6

Il explique comment comprendre le musée d'Orsay en regroupant les notices de l'abécédaire selon trois perspectives stylistiques et historiques. Un code de couleurs indique le genre de chaque notice, un numéro permet de localiser l'œuvre sur le plan :

- Les œuvres
- Les hommes : les artistes, les collectionneurs.
- Le contexte : les courants esthétiques, le cadre historique.

À partir de la lecture de ces notices, et grâce aux renvois signalés par les astérisques, le lecteur voyage comme il lui plaît dans l'abécédaire.

L'abécédaire p. 25

Par ordre alphabétique, on trouvera dans ces notices tout ce qu'il faut savoir pour entrer dans l'univers du musée d'Orsay. L'information est complétée par les éclairages suivants :

- des commentaires détaillés sur les chefs-d'œuvre du musée ;
- des encadrés qui expliquent les grands courants du XIXe siècle.

Orsay raconté p. 11

En tête de l'ouvrage, une synthèse reprend l'articulation du guide de l'abécédaire en développant chacun de ses thèmes.

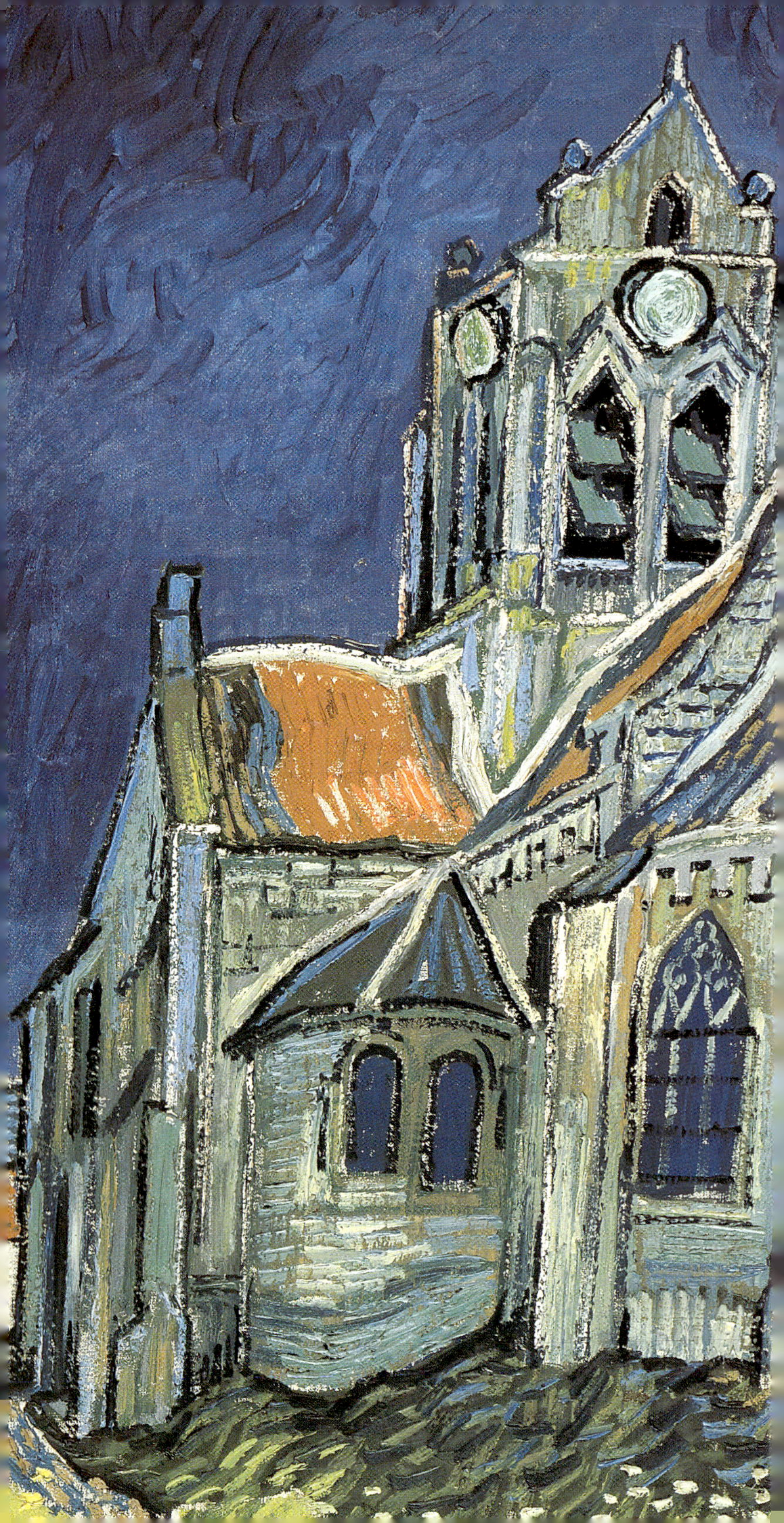

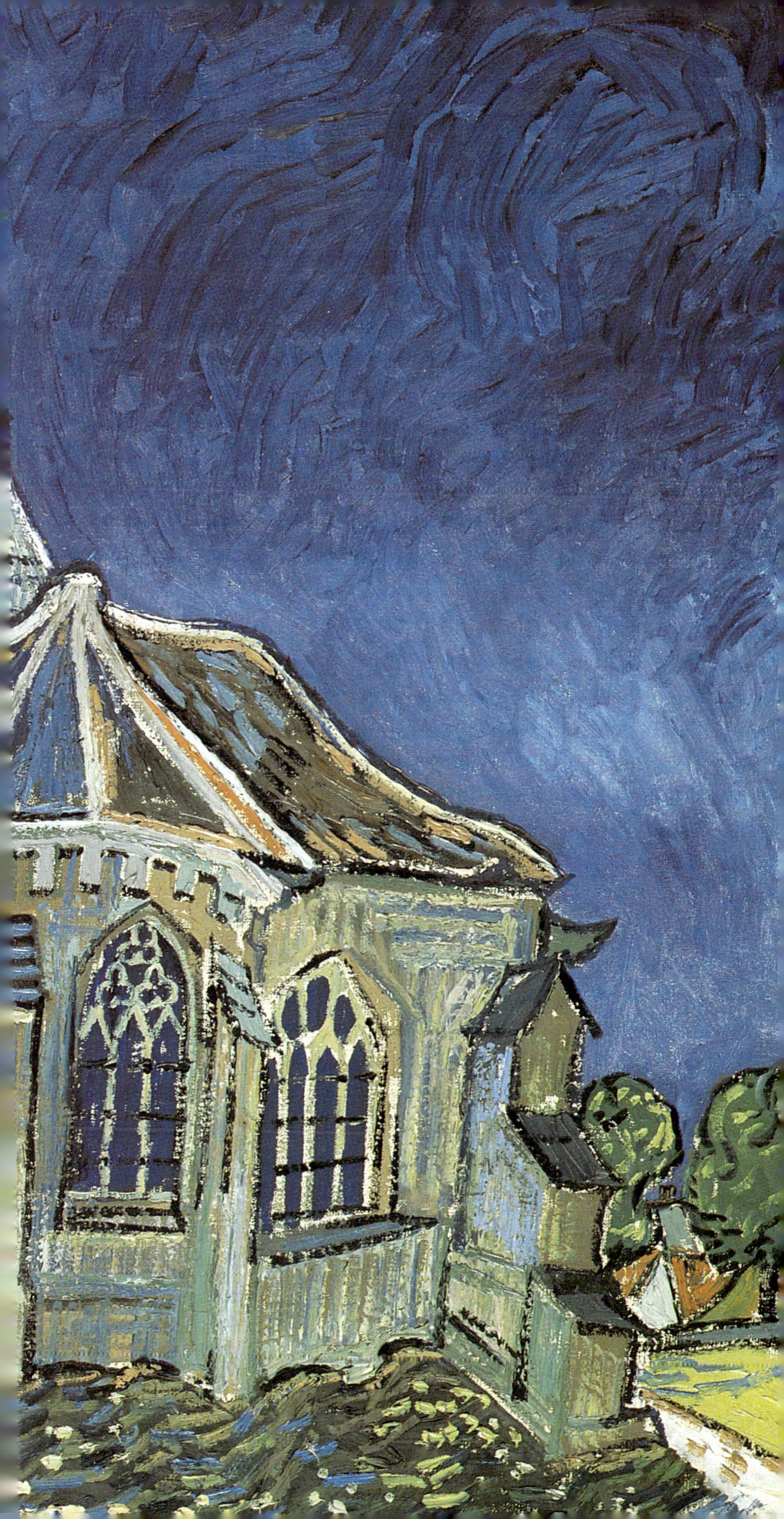

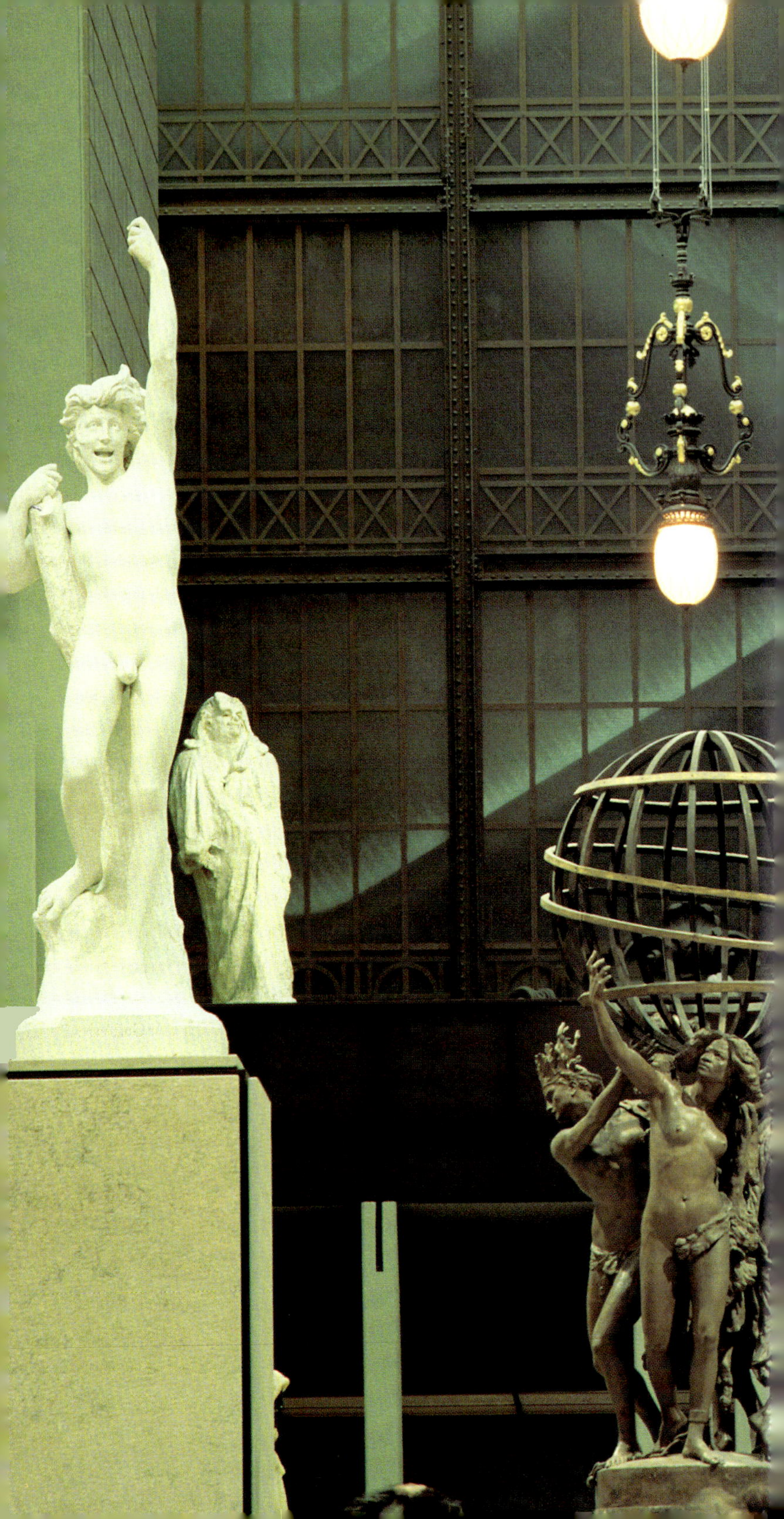

G U I D E

I. UN MUSÉE DANS UNE GARE

A. Où loger le XIXe siècle ?

Pour accueillir l'art de la seconde moitié du XIXe siècle, l'ancienne gare d'Orsay, menacée de destruction, s'imposa rapidement. Située au cœur de Paris, cette immense halle abriterait un musée d'un type nouveau, intermédiaire chronologique entre le Louvre et le musée national d'Art moderne du centre Georges Pompidou.

- *Gare d'Orsay*
- *Histoire au musée d'Orsay*
- *Historique des collections*

B. Le respect du lieu

Conserver l'intégrité de la gare et l'adapter aux besoins d'un musée, tel était le double enjeu. La structure métallique de la gare n'est donc pas dissimulée. Quant au choix des matériaux, il répond aux exigences de solidité et d'insonorisation. Les collections, aussi variées soient-elles, s'intègrent harmonieusement dans le bâtiment de Laloux.

- *Cinématographe*
- *Gare d'Orsay*
- *Photographie*
- *Presse*
- *Réserves*

C. Le programme du musée

Dès sa création, le musée d'Orsay s'est voulu pluridisciplinaire. Peinture, dessin et sculpture, mais aussi arts décoratifs, architecture et photographie sont présents dans les salles ou pendant les expositions temporaires, tandis que des concerts et des projections réintègrent la musique et le cinéma dans le panorama global de la création après 1848.

- *Arts décoratifs*
- *Arts graphiques*
- *Architecture et urbanisme*
- *Cinématographe*
- *Histoire au musée d'Orsay*
- *Images multiples*
- *Musique et musiciens*
- *Pastels*
- *Photographie*
- *Presse*
- *République*

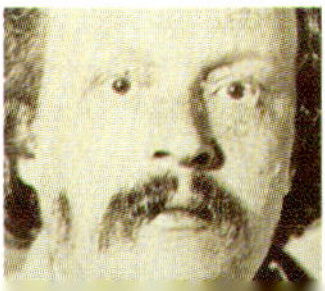

II. QUEL XIXe SIÈCLE ?

A. La période « Orsay » : le choix des dates

Afin de rendre cohérent le programme muséographique, les conservateurs ont affiné le choix de la période couverte par le musée, qui commence en 1848 pour s'achever en 1914. Entre le romantisme et les premières avant-gardes du XXe siècle, Orsay est bien le musée de toutes les révolutions.

- *Art Nouveau*
- *Bonnard (Pierre)*
- *Daumier (Honoré)*
- *Delacroix (Eugène)*
- *Fauvisme*
- *Gérôme (Jean-Léon)*
- *Ingres et ingrisme*
- *Préault (Auguste)*
- *Romantisme*

B. Un double parcours

Thématique et chronologique, la visite embrasse la période selon des perspectives variées. Le rez-de-chaussée présente les œuvres antérieures à 1874, le niveau supérieur l'impressionnisme et les mouvements qui en sont issus ; enfin, le niveau médian fait place à l'art officiel, au naturalisme, au symbolisme ou encore à l'Art Nouveau et ouvre sur le XXe siècle.

- *Arts décoratifs*
- *Carpeaux (Jean-Baptiste)*
- *Degas (Edgar)*
- *Gauguin (Paul)*
- *Impressionnisme*
- *Naturalisme*
- *Rodin (Auguste)*
- *Rude (François)*
- *Salon (Peinture de)*
- *Symbolisme*
- *Ugolin*

C. Héritage et enrichissement

Venus du Louvre, du Jeu de Paume et du musée national d'Art moderne, les œuvres que réunit Orsay rappellent aussi le rôle des collectionneurs, riches et avisés comme Chauchard, Caillebotte ou Moreau-Nélaton.

- *Barbizon (École de)*
- *Caillebotte (Gustave)*
- *Chauchard (collection)*
- *Étrangers*
- *Historique des collections*
- *Médaillier*
- *Moreau-Nélaton*

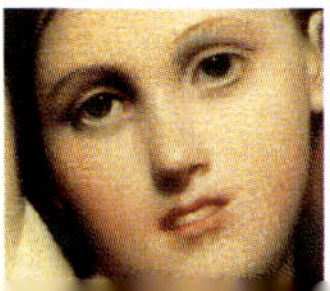

III. SOIXANTE ANS DE CRÉATION ARTISTIQUE

A. Courbet et son temps

La date de 1848, retenue comme limite chronologique, correspond à l'affermissement du réalisme, dont Courbet est le chef de file. Si son influence est considérable, le mouvement réaliste est loin de résumer cette époque où tout se redéfinit, la tradition classique comme le romantisme.

- *Atelier du peintre (L')*
- *Chassériau (Théodore)*
- *Corot (Camille)*
- *Courbet et les réalismes*
- *Dalou (Jules)*
- *Delacroix (Eugène)*
- *Éclectisme*
- *Fantin-Latour (Henri)*
- *Millet (Jean-François)*
- *Moreau (Gustave)*
- *Olympia*
- *Orientalisme*
- *Puvis de Chavannes*
- *Whistler (James Abbott)*

B. L'impressionnisme et ses conséquences

Nulle rupture entre le rez-de-chaussée et les salles du niveau supérieur, dévolues à l'impressionnisme, puis aux artistes (Cézanne, Van Gogh, Seurat, etc.) qui s'en sont nourri. Peinture et sculpture y sont rapprochées quand les artistes comme Degas ou Gauguin les ont pratiquées conjointement.

- *Bazille (Frédéric)*
- *Boudin (Eugène)*
- *Cassatt (Mary)*
- *Cirque*
- *Famille Bellelli*
- *Japonisme*
- *Jongkind (Johan-Barthold)*
- *Joueurs de cartes (Les)*
- *Monet (Claude)*
- *Morisot (Berthe)*
- *Pissarro (Camille)*
- *Pont-Aven (groupe de)*
- *Renoir (Pierre-Auguste)*
- *Sérusier (Paul)*
- *Sieste (La)*

C. Les sources du XXe siècle

La peinture nabie et le fauvisme de Derain permettent d'ouvrir sur le XXe siècle non moins que la présence de la Sécession viennoise, de Frank Lloyd Wright ou encore de Matisse. Alors qu'autour de 1900, symbolisme et Art Nouveau sont bien implantés, la réaction classicisante se prépare.

- *Art Nouveau*
- *Bruxelles*
- *Fauvisme*
- *Gallé (Émile)*
- *Glasgow*
- *Guimard (Hector)*
- *Nancy (école de)*
- *Maillol (Aristide)*
- *Rousseau (Henri)*
- *Thonet (firme)*
- *Wright (Frank Lloyd)*
- *XXe siècle*

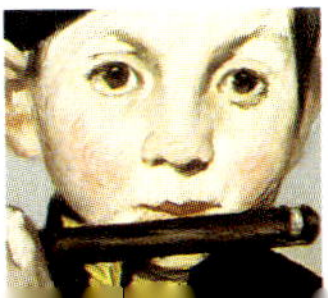

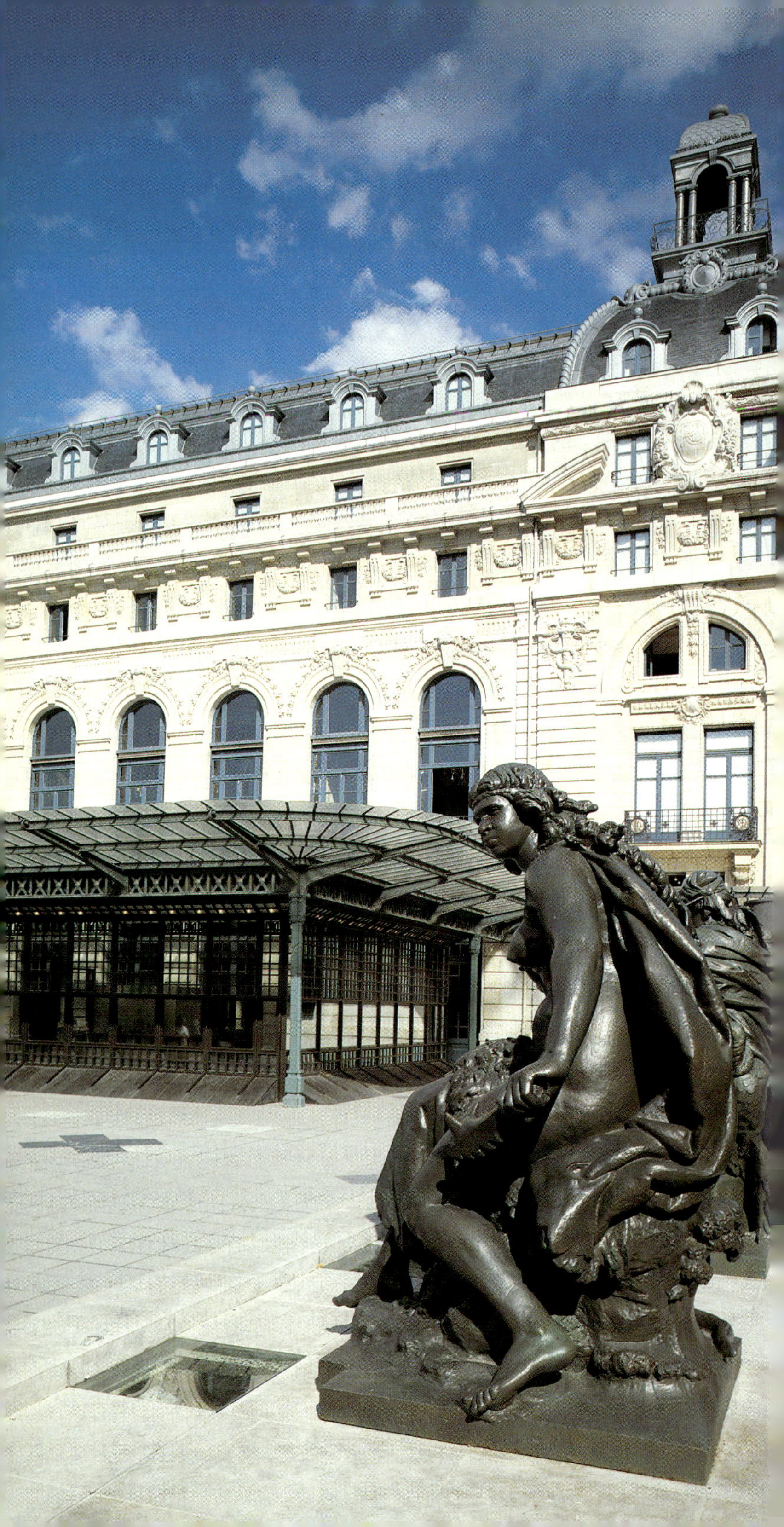

La campagne d'opinion en faveur de la conservation des halles de Baltard avait finalement échoué puisqu'elles furent démolies. Mais elle avait attiré l'attention sur les bâtiments du siècle passé qui font partie du paysage parisien, même s'ils ne correspondent plus aux besoins actuels. C'est ainsi que la gare* d'Orsay, également menacée, fut sauvée, et que l'idée germa dans l'esprit de conservateurs du Louvre de la transformer en un musée qui accueillerait les collections nationales d'art de la deuxième moitié du XIXe siècle.

I. Un musée dans une gare

A. Où loger le XIXe siècle ?

Le musée national d'Art moderne, qui devait déménager vers les nouveaux bâtiments du plateau Beaubourg, préparait le reversement au Louvre des œuvres des artistes les plus anciens, ceux qui étaient nés jusqu'en 1870. Il n'était pas possible de les présenter au Jeu de Paume des Tuileries, consacré depuis 1949 aux impressionnistes, et qui était déjà trop petit en raison des importantes donations qu'il avait reçues et des milliers de visiteurs qui s'y rendaient chaque jour.
L'utilisation d'un intéressant édifice de la période même des œuvres que l'on voulait y regrouper, situé au cœur de Paris, à quelques centaines de mètres du Louvre, face aux Tuileries, paraissait la solution idéale pour le succès de l'entreprise et l'agrément des visiteurs.
Une fois le principe admis, il fallut attendre que les travaux de jonction des gares d'Orsay et des Invalides soient réalisés et que les voies ferrées soient déplacées sous le quai, libérant le sous-sol du bâtiment. En fait, cela donnait tout juste le temps de définir le programme du musée, de regrouper et restaurer les collections, de les compléter par des acquisitions et d'adapter le bâtiment.
À l'issue d'un concours d'architectes, le projet d'ACT (Colboc, Bardon, Philippon) fut retenu. Il proposait une entrée par l'ancienne sortie, sur le parvis Bellechasse, une allée centrale pour la sculpture, des salles de part et d'autre, dominées par des terrasses ouvrant sur un premier étage construit dans l'ancienne entrée avec ses sept coupoles, et bien entendu la création d'une série de salles dans les immenses combles à éclairage zénithal, restés jusqu'alors inutilisés. Le mur qui les délimite côté Seine avait pour seul but, dans l'architecture de Laloux, de cacher au promeneur des Tuileries l'audacieuse structure métallique de la grande voûte. Dans le même esprit éclectique, les deux pavillons avec leurs immenses horloges sont un rappel du pavillon de Flore, au bout de la grande galerie du Louvre, sur l'autre rive de la Seine.

Entrée du musée d'Orsay, parvis Bellechasse.

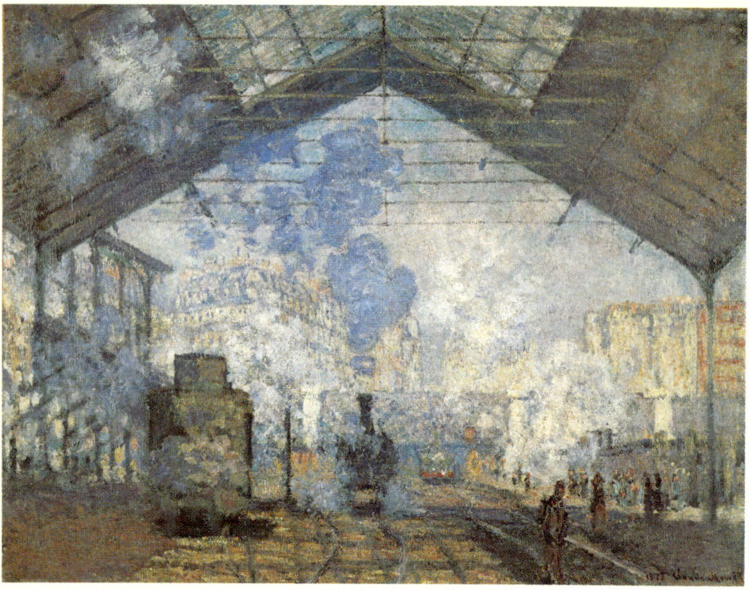

Claude Monet, *La Gare Saint-Lazare*, 1877. H/t 75,5 × 104.

B. Le respect du lieu

L'Italienne Gae Aulenti fut ensuite désignée pour l'architecture intérieure. Il s'agissait de respecter le bâtiment classé, dont les structures métalliques se reconnaissent à leur peinture vert-jaune, et de les distinguer des éléments modernes, traités en brun. L'espace d'origine peut toujours être perçu quand on descend au niveau des anciennes voies ferrées à l'entrée du musée, à mi-visite du rez-de-chaussée, devant l'immense tableau de Couture et la salle Courbet*, ou encore lorsque du haut des tours nouvellement construites et aisément accessibles par un escalator qui se déploie derrière la paroi vitrée à l'est, on embrasse cet immense volume dominé à l'autre extrémité par la célèbre horloge brun et or.

La monumentalité des constructions qu'il fallait bien insérer dans cette ancienne gare a finalement mis en valeur une architecture si peu appréciée après la Seconde Guerre mondiale qu'elle faillit être détruite.

Le choix d'un matériau résistant pour le sol et la plupart des parois – une pierre blonde de Bourgogne – vise aussi à assurer la solidité de lieux où circulent chaque jour des foules. Afin d'éviter les effets de résonance, des rangées de trous ont été ménagées dans les parois et utilisées d'une manière originale pour l'accrochage des peintures et la pose des cartels.

Il va sans dire que la construction du musée s'est faite en étroite coopération entre les architectes et les conservateurs, chargés d'attirer l'attention sur les collections et leurs contraintes – certains grands formats en peinture et en sculpture, comme par exemple *La Danse*

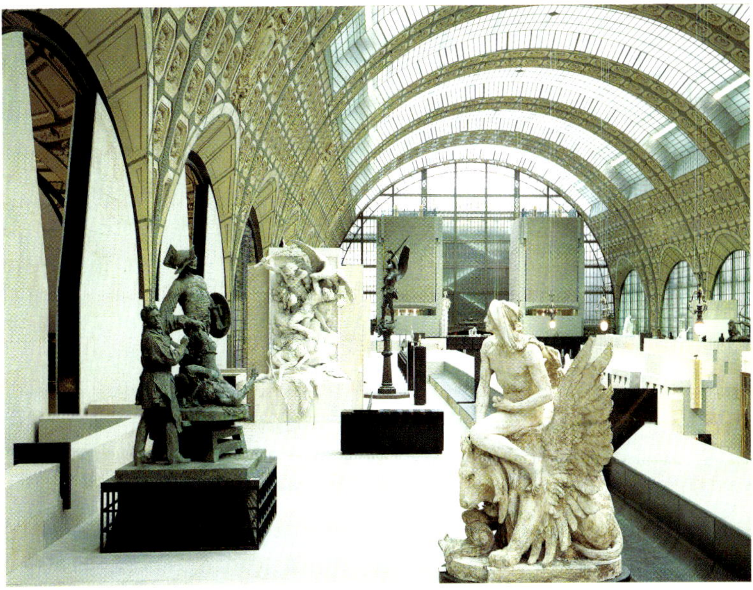

Vue intérieure du musée, terrasse Seine.

de Carpeaux, provenant de la façade de l'Opéra, ou en mobilier comme la salle à manger de Charpentier –, de préciser l'ordre logique de la présentation, d'indiquer les priorités, tout en veillant à ce que les espaces soient, si possible, assez polyvalents pour permettre de véritables mutations dans le futur, en fonction de l'évolution des connaissances et de l'accroissement des collections.

C. Le programme du musée

Aux raisons strictement matérielles d'espace nécessaire pour présenter les collections jusque là séparées entre le Louvre, le Jeu de Paume et le musée national d'Art moderne, s'ajoute une réflexion nouvelle sur la création artistique de la deuxième moitié du XIXe siècle, qu'il n'est plus question de réduire à quelques artistes remarquables plus ou moins mal compris en leur temps, de Manet* aux impressionnistes, à Gauguin et à Van Gogh*. C'est pourquoi le programme du musée, dès l'origine, a été élargi à tous les domaines de la création artistique, aussi bien la peinture et la sculpture que les arts décoratifs, l'architecture* (avec des dessins et des maquettes), la photographie* et même le cinéma*, avec un rappel de l'histoire* de la période. La présentation de la littérature, des spectacles et de la musique* se fait sous forme d'expositions-dossiers dans des espaces réservés à cet effet dans le circuit du musée ; il en est de même pour les œuvres sensibles à la lumière, les dessins et les photographies faisant partie des collections ou empruntés à d'autres organismes comme les estampes, les illustrations ou les affiches que le musée n'a pas vocation à conserver, le service patrimonial étant la Bibliothèque nationale de

France (voir Images). Le musée possède aussi un auditorium, où ont lieu des conférences, des concerts, des festivals de cinéma.
Des activités proposées au jeune public, des visites-conférences, une librairie spécialisée et une boutique, un restaurant installé dans celui du palais d'Orsay et qui a gardé son décor d'origine, le café des hauteurs avec accès à la terrasse côté Seine et à une vue exceptionnelle sur Paris, sont autant de services à la disposition des visiteurs de tous les âges résidant dans la région parisienne et pouvant venir fréquemment, ou des touristes passant quelques jours à Paris. Une série de salles, avec accès direct sur le quai, est réservée à des expositions temporaires.

II. Quel XIXe siècle ?

A. La période « Orsay » : le choix des dates

Une fois fixée par le gouvernement la tranche chronologique – 1850-1914 – des collections nationales auxquelles était destiné le bâtiment de l'ancienne gare d'Orsay, il fallut réfléchir à un parcours cohérent, clair pour le visiteur et ayant un sens en histoire de l'art.
Pour le début de la période, entre l'impact des grandes Expositions universelles, en 1851 à Londres et en 1855 à Paris, le Salon des refu-

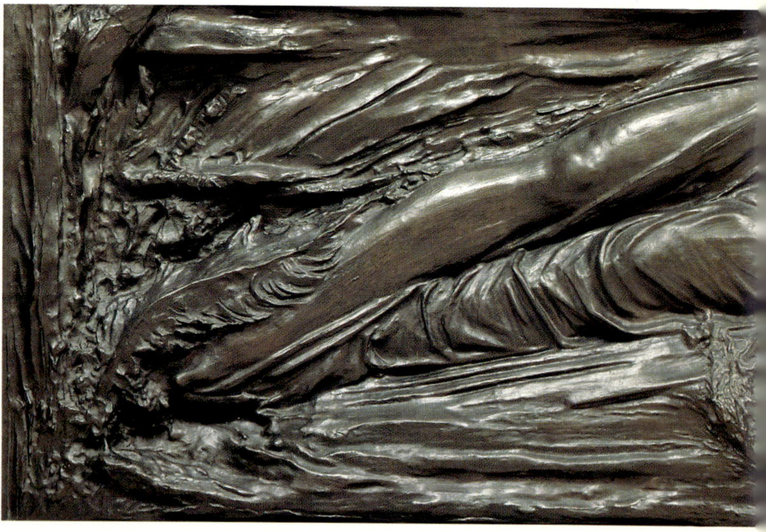

sés à Paris en 1863, ou l'ébranlement des institutions artistiques au moment de la révolution de 1848 – une date capitale pour la plupart des pays d'Europe au point de vue historique –, c'est finalement l'année 1848 qui fut retenue, avec l'émergence du réalisme, ce qui n'empêche pas certaines plongées vers le passé, pour la photographie notamment, inventée quelques années auparavant, ou Daumier*, tandis que les grands aînés vivant encore sous le Second Empire, comme Ingres* et Delacroix*, sont représentés par quelques œuvres tardives. Pour la fin, la date de 1914 est une rupture historique incontestée, mais le musée d'Orsay, ayant hérité seulement des artistes nés jusqu'en 1870, ne peut montrer certaines des révolutions esthétiques du début du XXe siècle, le fauvisme* ou le cubisme par exemple, qui restent du domaine du musée national d'Art moderne, tout comme les ultimes flamboiements de l'art de Bonnard*, mort en 1947. Le musée se consacre plutôt à la période qui s'achève vers 1905-1910, jusqu'aux derniers feux de l'Art* Nouveau pour les arts décoratifs ou l'architecture.

B. Un double parcours

Le musée propose au visiteur un parcours à la fois chronologique et thématique. Les techniques y sont séparées, les conditions optimales de présentation et d'éclairage n'étant pas les mêmes pour la peinture et la sculpture, pour les maquettes d'architecture ou les objets d'art ; mais les mélanges ne sont pas exclus lorsqu'ils se justifient, par exemple dans la salle consacrée aux grands décors, évoqués par des

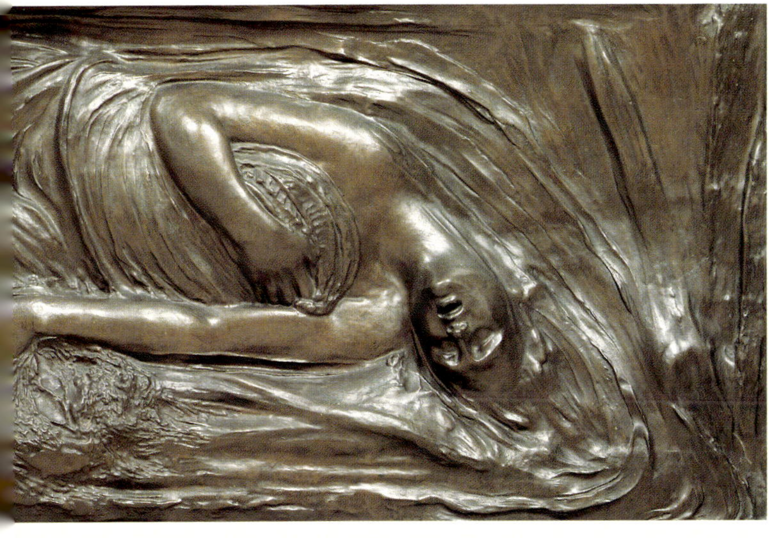

maquettes sculptées ou des esquisses peintes, ou dans celles qui sont destinées aux arts décoratifs. De même, lorsque des artistes majeurs comme Carpeaux*, Degas* ou Gauguin* ont pratiqué plusieurs techniques, leurs œuvres se trouvent regroupées.
Deux grandes séquences chronologiques se partagent l'espace, avec une césure vers 1874, lorsqu'a lieu la première exposition impression-

Auguste Préault, *Ophélie*, 1876. Bas-relief en bronze, 75 × 200 × 20.

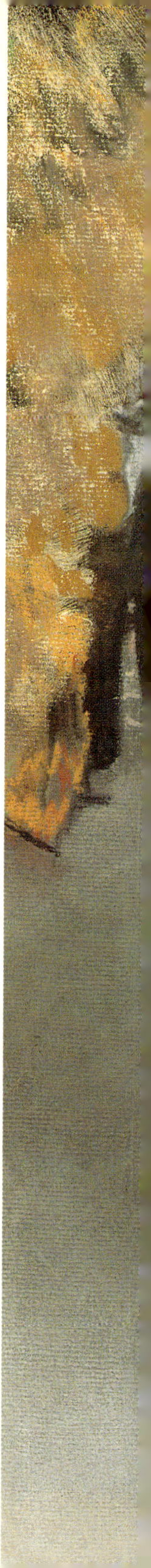

Edgar Degas, *L'Étoile* ou *La Danseuse sur scène*, 1878. Pastel, 60 × 44.

III. Soixante ans de création artistique

A. Courbet et son temps

Au moment du Salon de 1847 où Couture* expose l'immense composition des *Romains de la décadence*, les envois de Courbet sont, une fois de plus, refusés. On comprend que la suppression du jury au Salon de 1848 dans les premiers jours de la Seconde République, qui lui permet enfin de se faire remarquer, l'ait encouragé à entreprendre de grandes compositions d'un format digne d'un musée, comme *Un enterrement à Ornans* (ill. p. 43) ou *L'Atelier* du peintre*. Leurs sujets contemporains, personnels même, sont alors peints avec des figures grandeur nature, au format de la peinture d'histoire. Courbet n'est pas le seul à rejeter le modèle académique, associé au traditionnel voyage d'Italie qu'avait encore pratiqué le paysagiste Corot* sous la Restauration. Isidore Pils, Alexandre Antigna, Constant Troyon utilisent comme lui des toiles de grandes dimensions, tandis que les peintres de paysages et de scènes rustiques qui commencent à attirer un réel public d'amateurs pratiquent volontiers un format moyen ou petit. Un artiste comme Millet* paraît inquiétant, alors que Daubigny joue un rôle de médiateur pour les jeunes générations. L'impact de Courbet reste fort, mais aussi celui du grand romantique Delacroix, comme en témoigne le tableau présenté un an après sa mort au Salon de 1864 par Fantin-Latour*, sous le titre *Hommage à Delacroix*. On y trouve quelques uns de ceux qui avaient accepté de participer au Salon des refusés de 1863, Manet, Whistler* et Fantin-Latour lui-même, ainsi que Champfleury, le défenseur du réalisme, et Baudelaire, le poète et critique qui recommande de peindre la vie moderne.

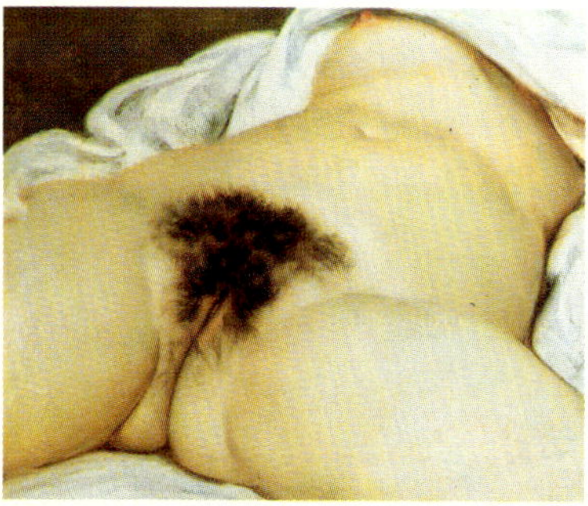

Gustave Courbet, *L'Origine du monde*, 1866. H/t 46 × 55.

La nouvelle génération vient de trouver en Manet son maître, sans pour autant oublier Courbet. Ainsi Monet* tente de réaliser un immense *Déjeuner sur l'herbe*, dont

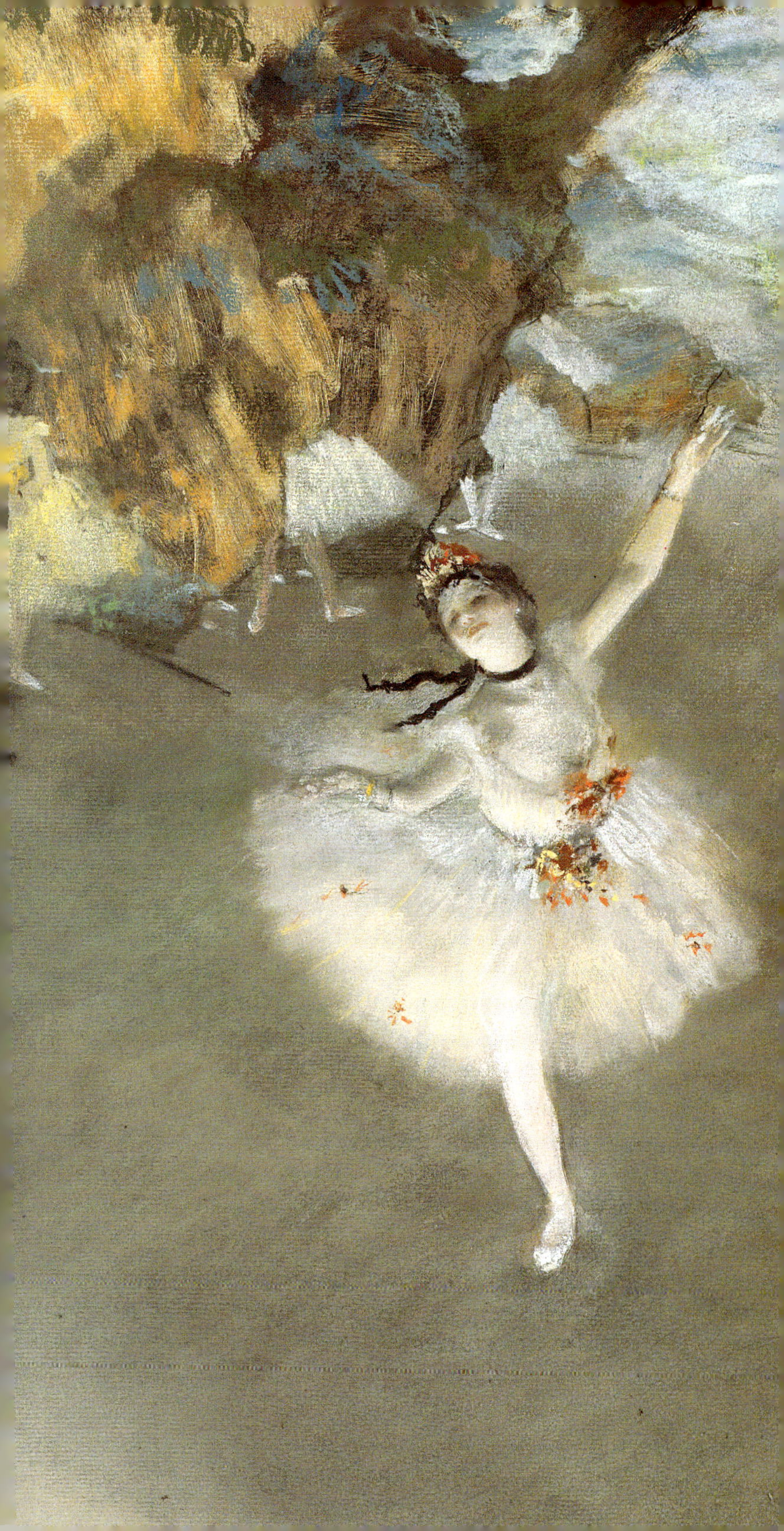

il reste deux fragments : le sujet est le même que celui du tableau de Manet au Salon des refusés, mais sans référence à l'art de la Renaissance : la scène se passe dans la forêt de Fontainebleau, près de Barbizon, cher aux naturalistes, et Courbet a servi de modèle pour un des convives... Le désir d'étudier la lumière et la nature sur le motif, bien décrit par les Goncourt dans *Manette Salomon* en 1867, se retrouve aussi chez les orientalistes*, Eugène Fromentin, Léon Belly, Charles de Tournemine ou Gustave Guillaumet.
La tradition académique représentée en peinture par Alexandre Cabanel (voir *La Naissance de Vénus*), Élie Delaunay ou William Bouguereau, reste plus forte en sculpture*, et l'éclectisme* règne dans les arts décoratifs. Déjà, cependant, l'héritage d'Ingres, de Chassériau* et de Delacroix prend des formes originales, annonciatrices du symbolisme fin de siècle avec Puvis* de Chavannes et Gustave Moreau*, tandis que Degas, le seul des membres du futur groupe impressionniste qui ait parfait sa formation en Italie, s'essaie d'abord à la peinture d'histoire. Une section spéciale permet d'évoquer l'urbanisme haussmannien (voir Architecture) et le grand projet que fut l'Opéra* de Paris, confié à Charles Garnier.

B. L'impressionnisme et ses conséquences

Tandis que le rez-de-chaussée du musée montre, de part et d'autre de l'allée centrale où se déploie la sculpture, les deux tendances qui se côtoyaient au Salon, avec plus ou moins de succès, sous la Seconde République et le Second Empire, la suite du parcours tient compte de la rupture qui s'opère en 1874 avec la première des huit expositions impressionnistes.
La galerie des hauteurs commence par une salle consacrée à la collection Moreau-Nélaton, dominée par *Le Déjeuner sur l'herbe* de Manet, et présente exclusivement le développement de l'impressionnisme*. Dans les salles suivantes, les œuvres sont groupées par artiste et permettent de saisir l'originalité de chacun des membres majeurs du groupe et leur évolution après les années 1880. Certains restent fidèles à la figure comme Renoir* et Degas qui, de plus, s'adonnent tous

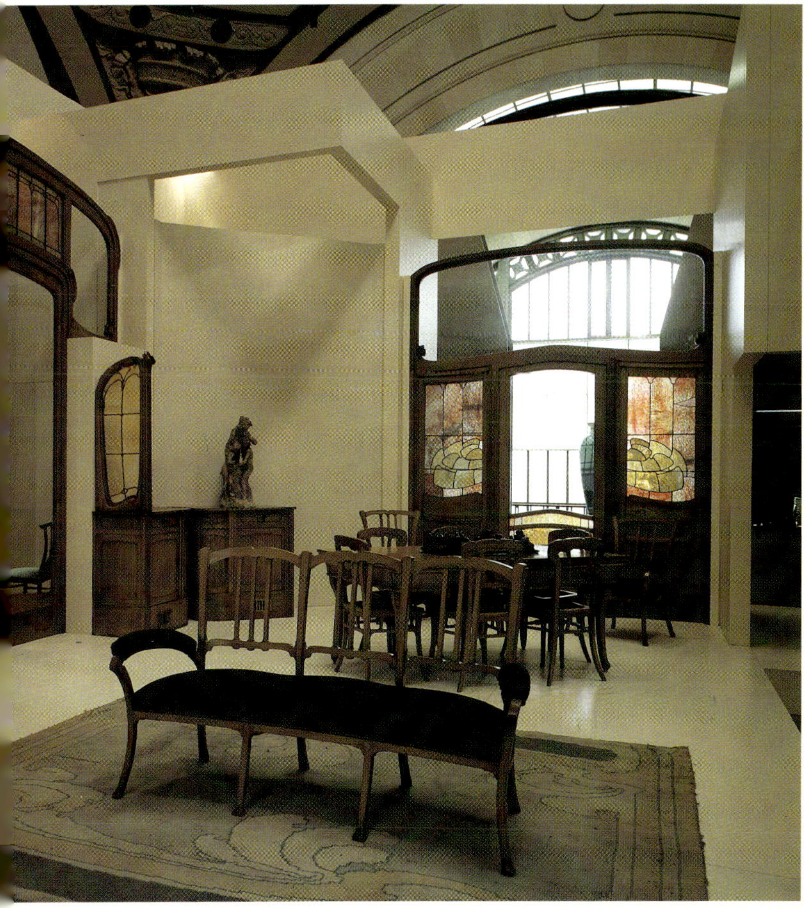

Victor Horta, *Boiseries et mobilier de l'hôtel Aubecq*, 1902-1904.

deux à la sculpture. D'autres comme Monet, Pissarro* et Sisley* privilégient le paysage, mais aux tentations pointillistes* d'un Pissarro répondent les audaces colorées de Monet avec les séries des cathédrales de Rouen ou des nymphéas, pour aboutir après 1914 à la représentation de paysages d'eau grandeur nature avec les *Nymphéas bleus*, ultime témoin du japonisme*. Dans le même temps, Cézanne* s'attelle héroïquement à une conquête de l'espace et des volumes qui allait être essentielle pour la génération cubiste. Autour de 1886, une nouvelle génération s'affirme, celle de Seurat*, chef de file du pointillisme*, et de Gauguin, mentor de l'école de Pont-Aven* et bientôt des Nabis*. La tache colorée, l'aplat et le cerne deviennent les moyens d'expression de ces artistes qui rejettent la représentation illusionniste de la grande tradition occidentale ainsi que la hiérarchie des arts, prônée par un système académique installé depuis près de deux siècles.

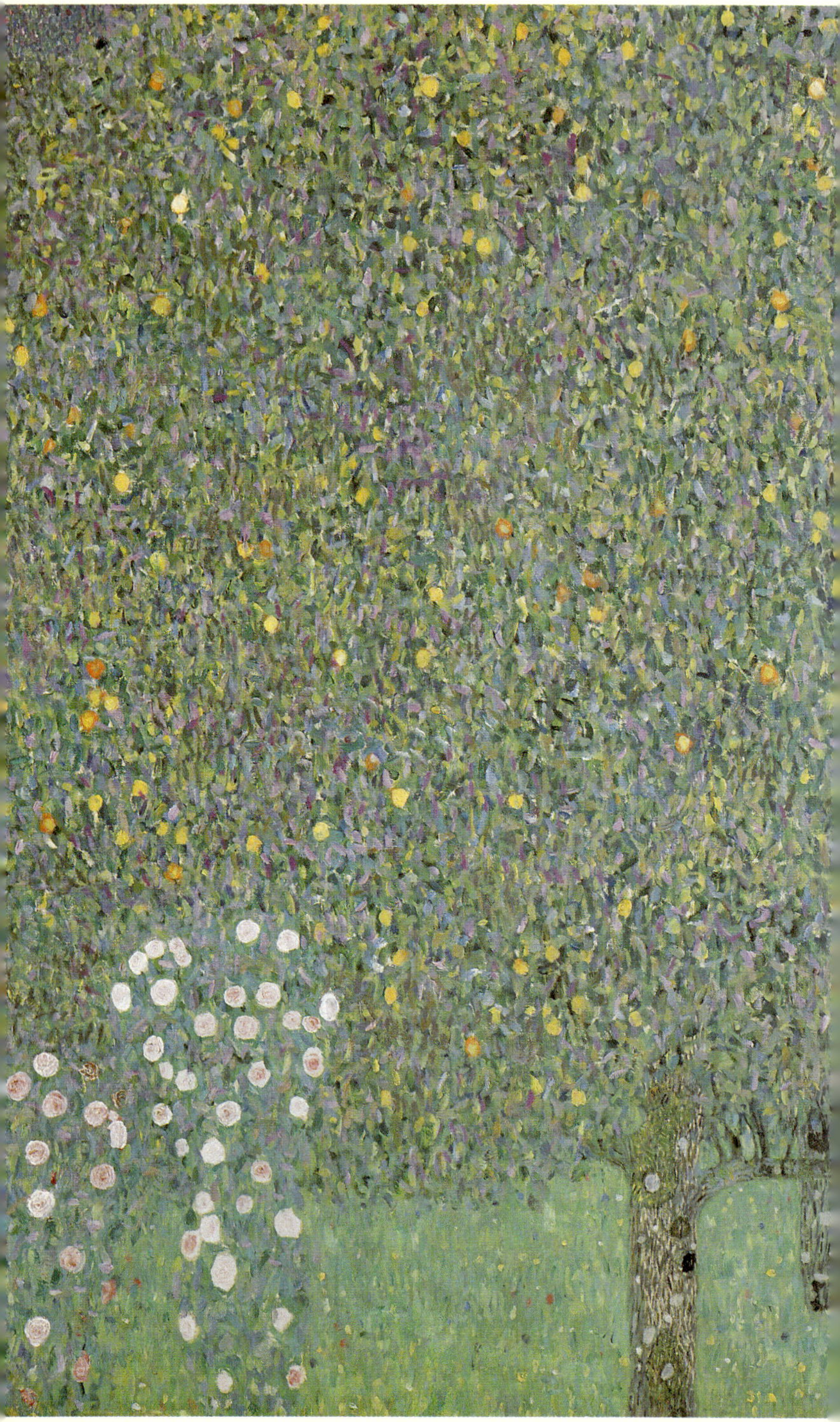

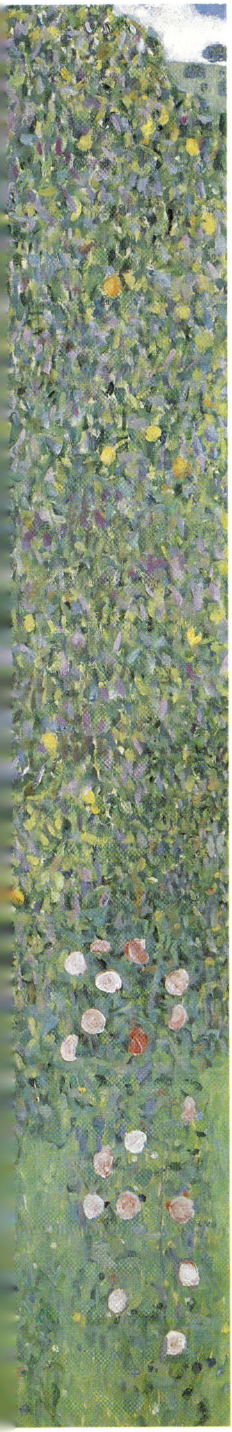

C. Les sources du XXe siècle

En France, l'abandon du Salon par l'État après 1880, qui a pour conséquence la multiplication des sociétés d'artistes correspondant à autant de tendances esthétiques, a entraîné progressivement l'affaiblissement du système mis en place depuis la Révolution. Dans le même temps, le rôle du commerce d'art devient de plus en plus important, ainsi qu'en témoignent par exemple les initiatives d'un Siegfried Bing, organisant dans sa galerie de l'Art Nouveau des expositions où des peintres et des sculpteurs sont invités à donner des modèles d'art décoratif.

Ailleurs en Europe, se développent aussi des sociétés d'avant-garde dont les plus célèbres sont les XX et la Libre esthétique à Bruxelles*, les Sécessions de Munich, Berlin et Vienne*, véritables lieux d'échanges artistiques internationaux, accueillant toutes les techniques.

Le musée d'Orsay se veut le reflet de cette effervescence créatrice, mais il rend aussi justice aux artistes dont le talent a été reconnu en leur temps, les meilleurs tenants de l'art académique, les champions du naturalisme officiel et les adeptes du symbolisme. Le XIXe siècle rendu à lui-même, en somme.

Geneviève LACAMBRE

Gustav Klimt, *Rosiers sous les arbres*, v. 1905. H/t 110 × 110.

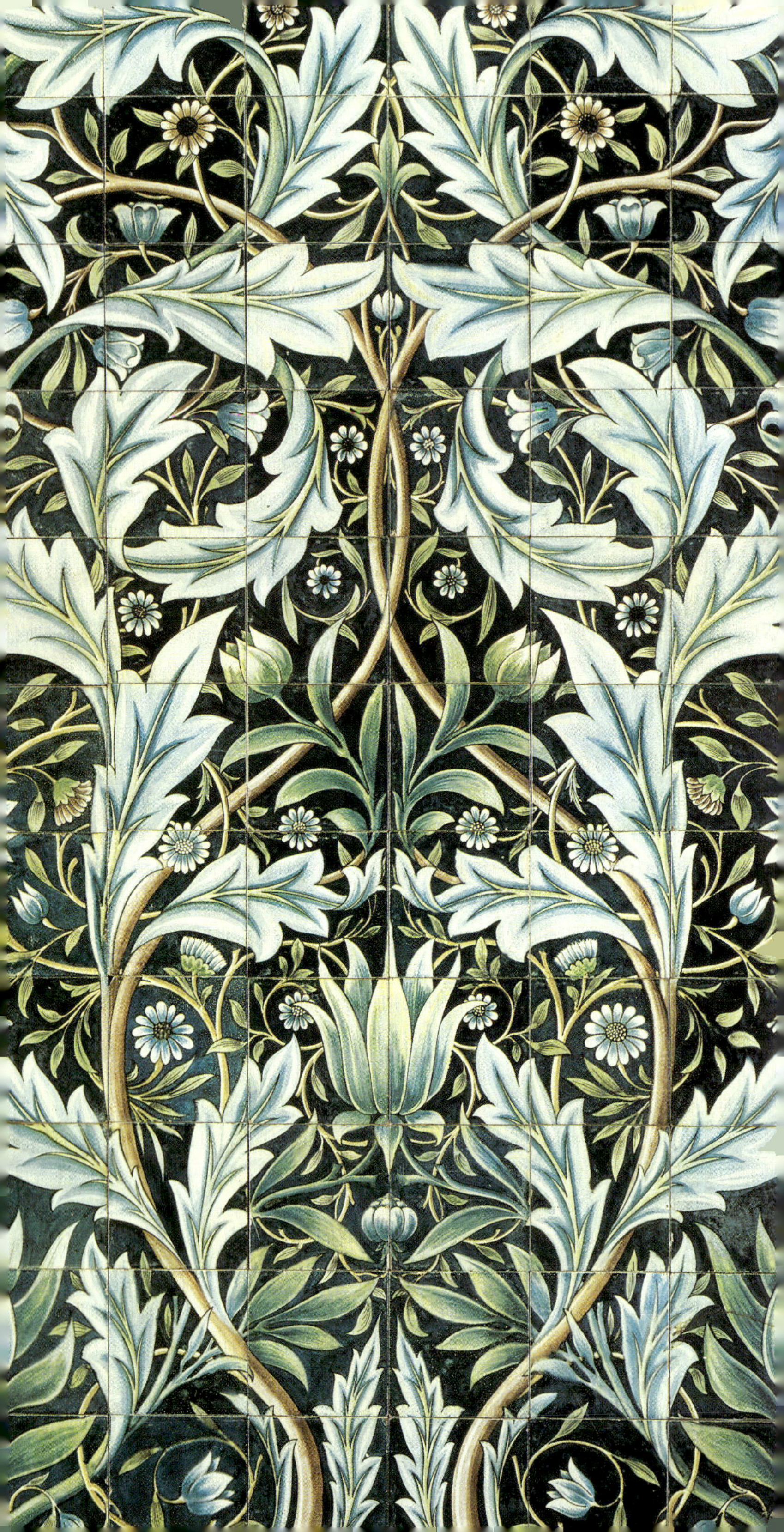

■ ANGLETERRE (1861-1888)
La révolution Arts and Crafts

Dans les années 1840, à Londres, les premières tentatives de réforme sont exclusivement tournées vers le monde de l'industrie. Mais cet optimisme est combattu ardemment par le critique John Ruskin : son éloge de la nature du gothique, magnifiant la liberté de l'artisan, est à la source de toute l'idéologie Arts and Crafts. Les prémices du style moderne tels qu'ils se font jour dans l'Angleterre victorienne des années 1860-1870 passent en effet par le retour aux valeurs artisanales.

William Morris donne l'exemple en ouvrant en 1861 une firme de décoration, véritable antenne de production offrant les services de l'architecte, du décorateur et du fabricant. Morris doit sa réussite à la souplesse d'une pratique qui se prête aussi bien à la simplicité qu'à la richesse ornementale. L'influence déterminante qu'il a exercé tient peut-être plus encore à sa conception architecturale du décor moderne : il croit fermement au rôle essentiel de l'architecte pour créer les conditions d'une vie digne et heureuse.

À son instigation, les années 1880 voient la naissance des guildes de décorateurs et d'artisans : Century Guild, fondée par Mackmurdo en 1882, Art Workers' Guild (1884), Guild of Handicraft, fondée par Ashbee en 1888, etc. Mais, partagé entre le rêve archaïque d'un artisanat corporatiste et l'espoir de créer un art populaire, le mouvement Arts and Crafts poursuit difficilement la splendide entreprise de Morris. MB

William Morris et William Frend De Morgan, *Panneau de revêtement mural*, v. 1876-1877. Faïence polychrome, 163 × 90.

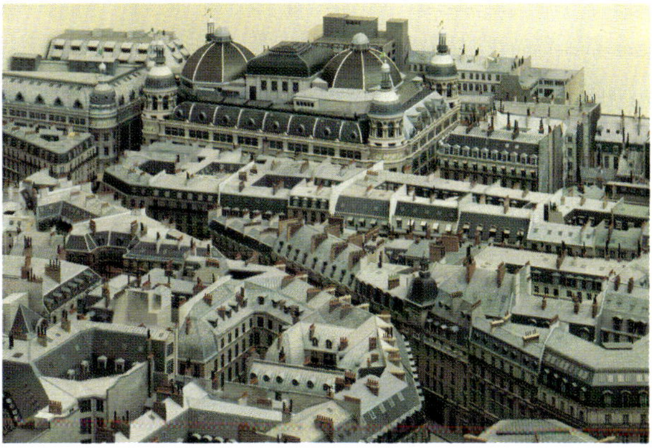

Maquette du quartier de l'Opéra en 1914 (détail), réalisée par Rémy Munier, assisté d'Éric de Leusse, 1982-1986.

■ Architecture et urbanisme

Le XIXe siècle voit naître les capitales modernes et Paris donne l'exemple. De 1852 à 1870, Napoléon III, secondé par Haussmann, nommé préfet de la Seine en 1853, crée le Paris des vingt arrondissements, organisant la ville autour de grands axes, places, boulevards et avenues. Le premier principe de ces

travaux est de restructurer Paris en intégrant les rues au tissu urbain existant; il faut assurer la liaison des quartiers entre eux, faciliter l'accès aux gares, dégager les monuments publics, créer un grand centre administratif (le Louvre et l'île de la Cité), dessiner parcs et squares. La première opération, de 1855 à 1858, est le percement de deux larges voies nord-sud et est-ouest traversant Paris; c'est la grande croisée formée par l'intersection de la rue de Rivoli et le boulevard de Sébastopol, prolongé par le boulevard Saint-Michel.
La salle de l'Opéra et le pavillon amont [24 à 28] tentent d'évo-

ART NOUVEAU
Respect du matériau et espace dynamisé

L'Art Nouveau [61 à 65], qui éclôt au début des années 1890, est un vaste mouvement artistique européen, s'épanouissant aussi bien à Paris qu'à Nancy* ou à Bruxelles*, concernant au premier chef l'architecture et les arts décoratifs (voir Arts industriels). Plusieurs facteurs, dont les premiers signes apparaissent à la fin des années 1850, en sont à l'origine : volonté de créer un cadre de vie « moderne » répondant aux exigences de la vie contemporaine, rejet des conventions fondées sur le pastiche des styles classiques, besoin d'émancipation et recherche de formes inédites, abolition de la distinction entre arts majeurs et mineurs (voir Japonisme).
Les réalisations marquantes de l'Art Nouveau s'échelonnent sur une dizaine d'années, de 1895 à 1905. Puis, thèmes et motifs ne cessent de dégénérer dans des produits souvent médiocres généralement dus à des imitateurs, tandis que s'affirme une nouvelle forme de rationalisme qui rejette le vocabulaire fondé sur le dynamisme de la ligne et de la vie organique. C'est à partir de l'étude des logiques médiévale et naturaliste que les créateurs de l'Art Nouveau, tels Gallé* ou Guimard*, ont tiré leurs principes esthétiques : liberté de l'épanouissement des lignes, fusion de la structure et du décor, respect des qualités intrinsèques des matériaux. PT

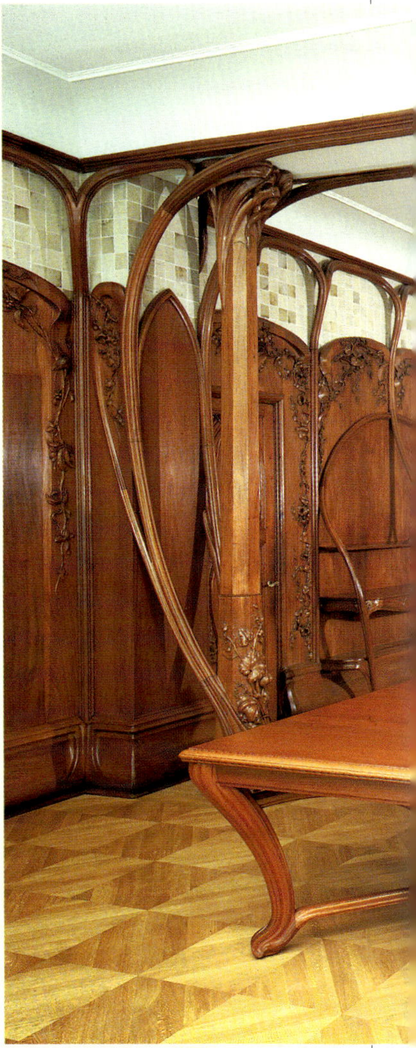

quer, par le biais de maquettes et l'exposition, par roulement, de dessins d'architecture, les transformations liées à l'haussmanisation, la naissance de nouveaux programmes et la variété du vocabulaire décoratif et des matériaux, au sein d'une vision architecturale strictement réglée. CM

« Vers 1900, un geste magnifique : l'Art Nouveau. On secoue les nippes d'une vieille culture. »

Le Corbusier, 1929.

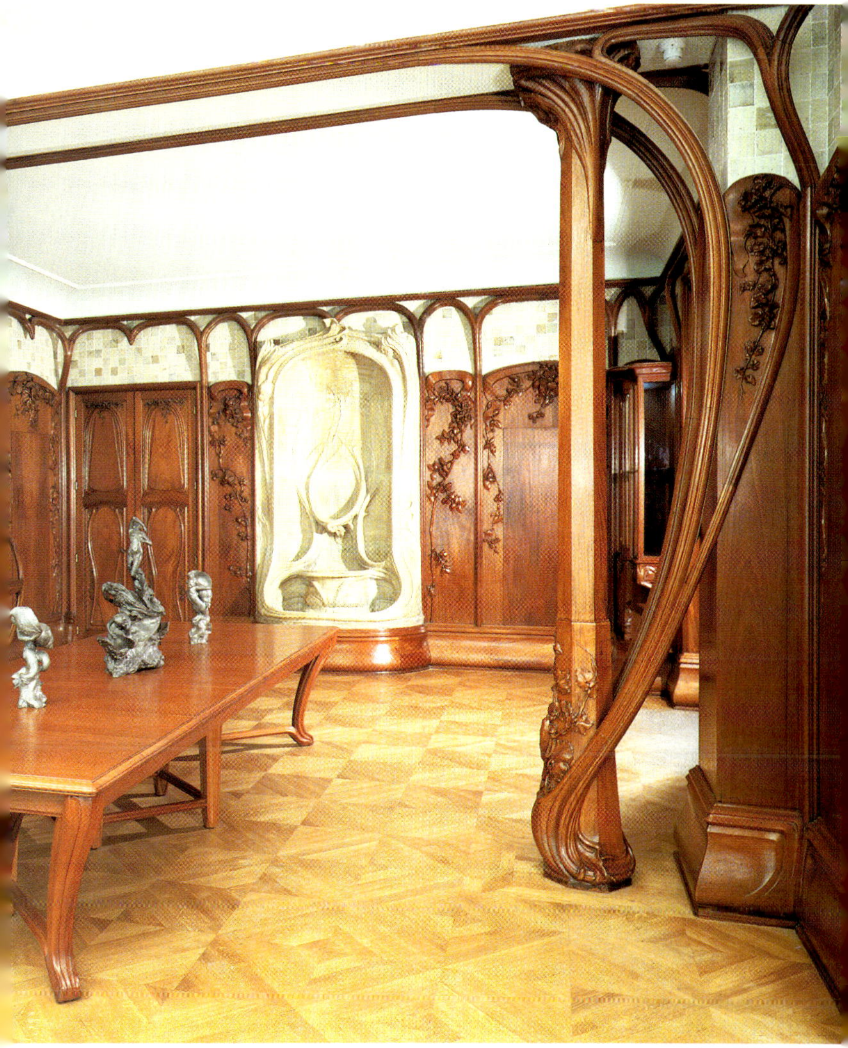

Alexandre-Louis-Marie Charpentier, *Salle à manger*, 1901. Boiserie commandée par le banquier Adrien Bernard. Acajou, chêne et peuplier, bronze doré et grès émaillé, 346 × 1055 × 621.

Arts and Crafts

Voir Angleterre

Édouard Muller et manufacture Defossé, *Le Jardin d'Armide*, 1855. Papier peint, 389 × 337.

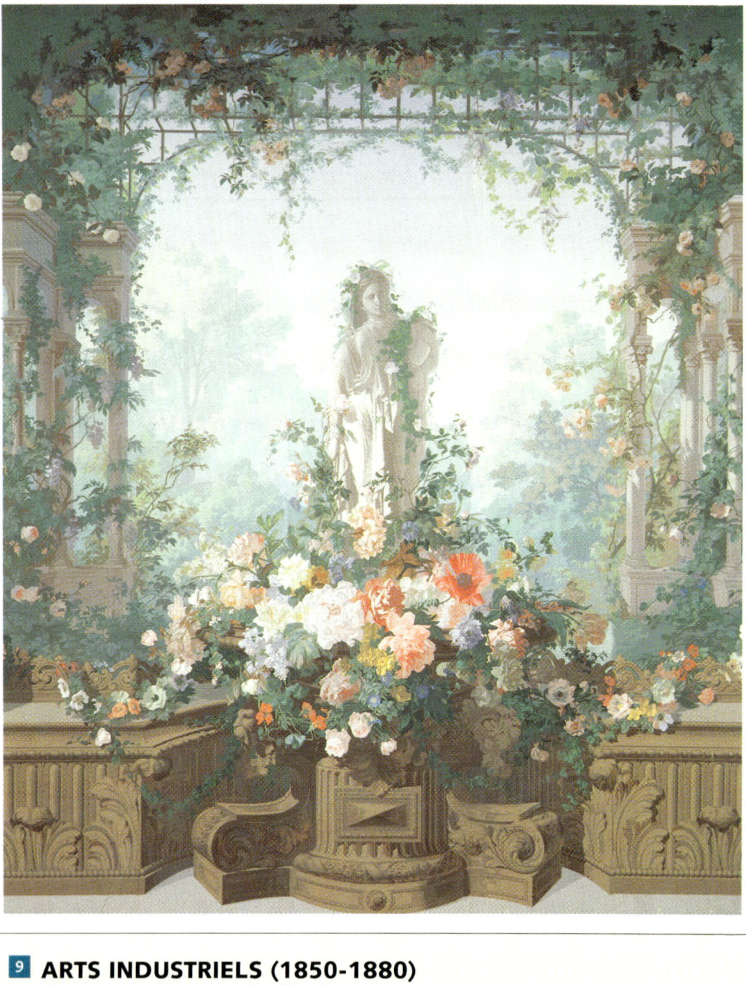

9 ARTS INDUSTRIELS (1850-1880)
L'alliance de l'art et de l'industrie

La croyance absolue en l'idéal d'un progrès continu donne au processus d'industrialisation – qui, en France, s'accélère brusquement sous le Second Empire – un élan irrésistible qui heurte de plein fouet l'héritage culturel occidental. La multiplication des impressions sur papier, sur étoffe, sur céramique, sur verre, sur bois et sur métal offre désormais un champ d'applications immense à la vulgarisation des objets manufacturés. On a peine à imaginer aujourd'hui quelle fascination a pu exercer la mécanisation introduite par les découvertes et les perfectionnements techniques, au point de croire que seule la machine permettrait d'atteindre la véritable perfection, surpassant en cela tout travail artisanal.
Pourtant, à une époque où la richesse ornementale est indissociable de la notion du bon goût, la dimension esthétique reste la qualité essentielle de l'objet manufacturé. Dans cette seconde moitié

Arts graphiques

C'est vers le début des années 1880, en liaison avec le projet d'Étienne Arago et de Léonce Bénédite de fonder un véritable « Musée des dessins modernes », que se manifeste la volonté de développer la collection nationale de dessins d'artistes contemporains. Les dessins du musée du Luxembourg formèrent ainsi le noyau de la collection actuelle d'Arts graphiques du fonds d'Orsay, enrichie par les acquisitions du Louvre, du musée national d'Art moderne puis du musée d'Orsay dès sa préfiguration. Les grands collectionneurs de dessins, Isaac de Camondo, Bonnat, Moreau-Nélaton*, Carle Dreyfus, donateurs, ont également laissé l'empreinte de leur goût dans la constitution de la collection.

Les dessins du fonds du musée d'Orsay sont conservés aujourd'hui au département des Arts graphiques du musée du Louvre, hormis les pastels* et les dessins d'architecture et d'art décoratif. Les exigences inhérentes à la conservation des œuvres graphiques ne permettent pas une exposition permanente des dessins qui sont présentés temporairement dans les espaces des expositions-dossiers. MPS

Édouard Vuillard, *Femme assise dans un bar*, 1893-1895.
Aquarelle et gouache, 20,3 × 13,9.
Paris, Louvre, département des Arts graphiques, fonds Orsay.

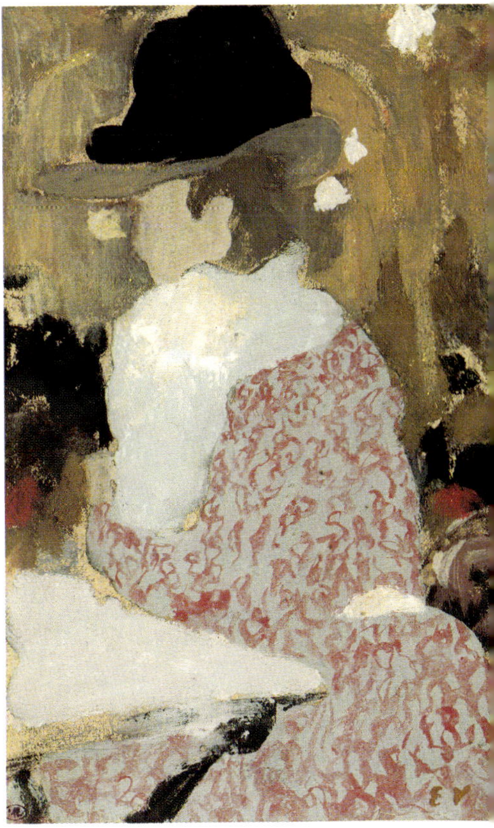

du XIXe siècle, la préoccupation majeure est d'abord de lier le progrès des arts et des techniques, en pleine acceptation des riches possibilités offertes par le machinisme. Dès lors l'idée s'impose largement de promouvoir l'union étroite de l'Art et de l'Industrie. Les initiatives abondent qui témoignent de cette volonté, à Paris comme à Londres, première capitale européenne à se doter d'un grand musée des manufactures (le Victoria & Albert Museum).

L'idée même de fabriquer en série des objets, conçus précisément pour être reproduits et vendus à moindre coût, implique de ne vulgariser que les meilleurs modèles possibles. C'est ainsi que naissent, dès le début du Second Empire, de fructueuses collaborations entre fabricants et artistes (voir Médaillier) : architectes, principalement pour l'ameublement civil ou religieux, peintres pour l'émaillerie, la céramique ou le papier peint (décor du *Jardin d'Armide* de Muller), sculpteurs pour le mobilier, l'orfèvrerie, la céramique, dessinateurs industriels dans toutes les techniques. MB

7 ATELIER

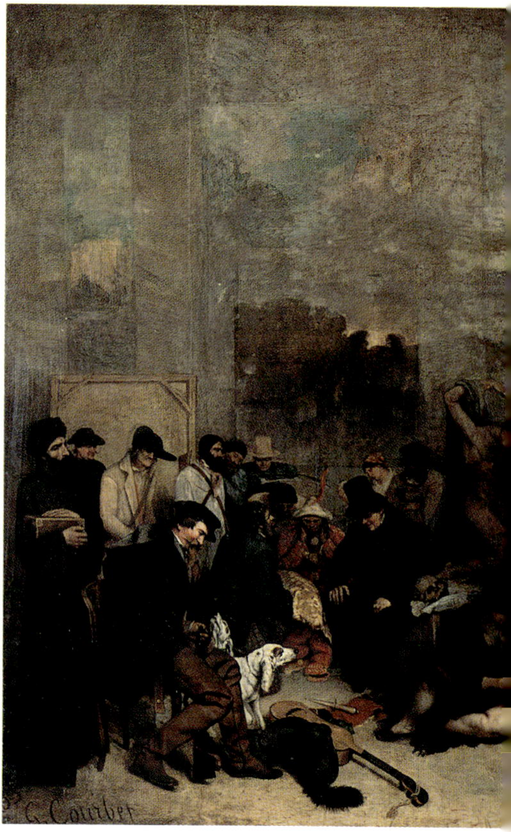

Après *Un enterrement à Ornans* (ill. p. 43) et les *Pompiers courant à un incendie* (Paris, musée du Petit Palais) en 1850, *L'Atelier du peintre* est la troisième composition de très grandes dimensions peinte par Courbet*. Ce tableau manifeste, refusé par le jury du Salon*, est le clou de la présentation organisée par Courbet en marge de l'Exposition universelle de 1855. Son sous-titre, *Allégorie réelle déterminant une phase de sept années de ma vie artistique et morale*, éclaircit peu le caractère fondamentalement énigmatique de l'œuvre.

Notre principale source pour sa compréhension reste une lettre de Courbet à Champfleury de l'automne 1854, dans laquelle il précise ses intentions : « C'est l'histoire morale et physique de mon atelier, première partie ; ce sont les gens qui me servent, me soutiennent dans mon idée, qui participent à mon action. Ce sont les gens qui vivent de la vie, qui vivent de la mort. C'est la Société dans son haut, dans son bas, dans son milieu. En un mot c'est ma manière de voir la société dans ses intérêts et ses passions. C'est le monde qui vient se faire peindre chez moi. » Puis il détaille la composition : « Je suis au milieu, peignant. À droite tous les actionnaires, c'est-à-dire les amis, les travailleurs, les amateurs du monde de l'art. À gauche, l'autre monde de la vie triviale, le peuple, la misère, la pauvreté, la richesse, les exploités, les exploiteurs, les gens qui vivent de la mort... ». Si pour la partie droite l'identification des modèles est assez

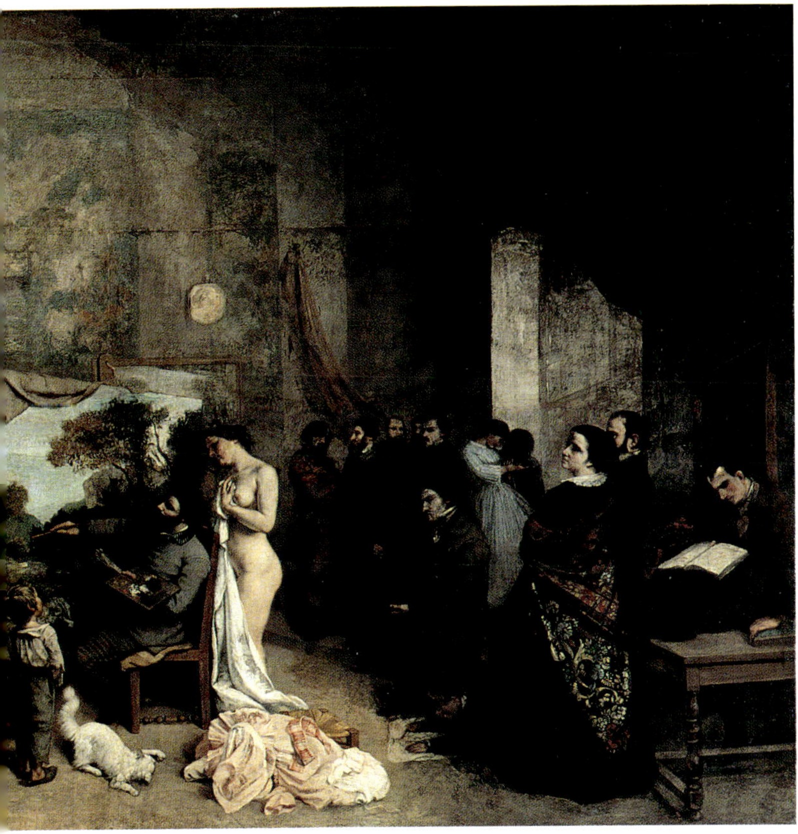

Gustave Courbet,
L'Atelier du peintre, 1855.
H/t 359 × 598.

aisée – on reconnaît notamment Baudelaire, Champfleury, Proudhon – celle des figures de la partie gauche demeure plus problématique, contribuant à alimenter les spéculations les plus diverses quant au sens réel du tableau.

Delacroix*, visitant l'exposition particulière de Courbet en 1855, est stupéfié par la toile et note dans son journal : « On a refusé là un des ouvrages les plus singuliers de ce temps. » Dans son ambition mais aussi dans ses énigmes, *L'Atelier du peintre* est sans doute l'un des derniers avatars de la peinture d'histoire. Mais l'histoire dont il est ici question reste personnelle. Son héros est un peintre qui place au centre de sa vie et de la société l'exercice de son art.
LDC

Théodore Rousseau, *Une avenue, forêt de l'Isle Adam*, 1846-1849. H/t 101 × 82.

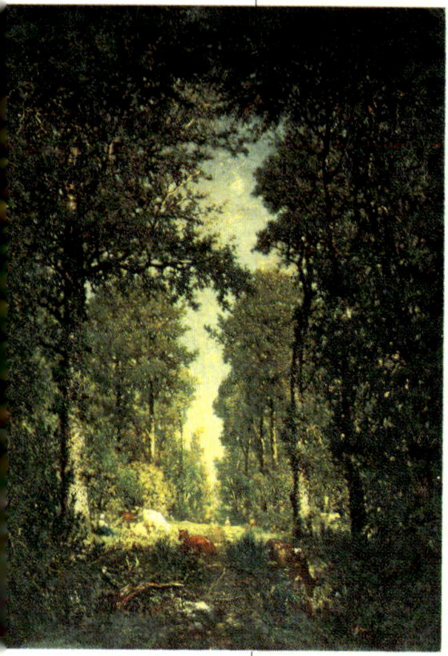

6 BARBIZON (ÉCOLE DE)
Vérité et sentiment

On rassemble sous ce vocable une génération de peintres de paysages qui travaillèrent à Barbizon et en forêt de Fontainebleau au milieu du XIXe siècle. À Théodore Rousseau et Millet* qui s'y installèrent en 1847 et 1849 se joignirent entre autres Diaz, Daubigny mais aussi Barye. Ils développèrent une approche commune de la nature qui trouve ses sources dans les peintures hollandaise du XVIIe et anglaise de la première moitié du siècle. Se démarquant volontairement du paysage italien de la tradition classique, ces artistes se livraient à la description attentive, notamment par l'étude de la lumière, du terroir français.

Sans jamais céder au pittoresque, leurs toiles, par exemple celles de Rousseau (*Une avenue, forêt de l'Isle Adam*) ou de Diaz (*Les Hauteurs du Jean de Paris* (*forêt de Fontainebleau*), 1867) font preuve d'une volonté expressive dans la représentation de la nature. Ce renouvellement de la peinture de paysage ne sera pas sans incidences sur les débuts de l'impressionnisme*. Le bel ensemble d'œuvres de l'école de Barbizon conservé par le musée d'Orsay vient principalement de quelques grandes collections d'amateurs, notamment celle de Chauchard*. LDC

55 Bastien-Lepage (Jules)

Voir Naturalisme

18 Bazille (Frédéric)

Très lié avec Monet*, rencontré comme Renoir* et Sisley* dans l'atelier du maître Gleyre, Bazille (1841-1870) travailla auprès de lui à Chailly-en-Bière (*Forêt de Fontainebleau*, 1865). Fidèle à sa région d'origine, il revenait l'été dans la propriété familiale de Méric où, sur la terrasse, face au village de Castelnau, ses cousines lui servaient de modèles (*La Robe rose*, 1864) : aux *Femmes au jardin* de Monet*, toile qu'il acquit en 1868, répond la *Réunion de famille*, admise au Salon de 1868. Attiré par la nature et la lumière du plein air, Bazille sut

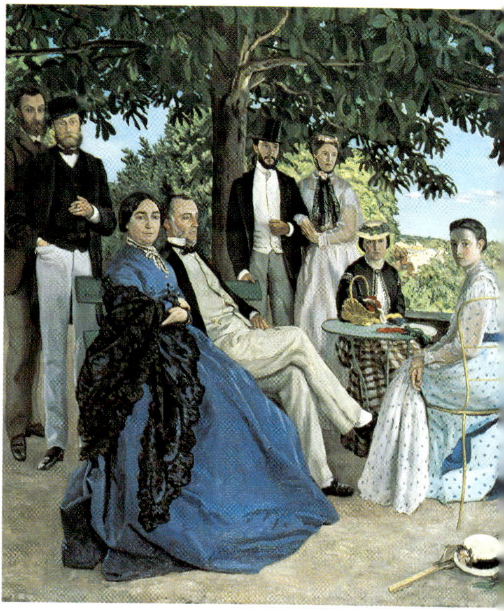

aussi traiter les thèmes de la nature morte, du portrait* (*Portrait de Renoir**, 1867) et de la scène d'intérieur ; il représenta ses différents ateliers (*L'Atelier de la rue de la Condamine*, 1870).
Celui que Berthe Morisot* appelait « le grand Bazille » figura à différentes reprises au Salon* avant de disparaître prématurément. Si sa peinture semble manquer de spontanéité par rapport à celle de Monet, le rôle de Bazille dans la formation de l'impressionnisme* est toutefois indéniable. SP

43 **Bernard (Émile)**
Voir Pont-Aven

5 **Bonheur (Rosa)**
Voir Courbet

72 **Bonnard (Pierre)**
Les premières œuvres de la période nabie* de Bonnard (1867-1947) témoignent de l'ambition décorative de l'artiste, (*Femmes au jardin*,

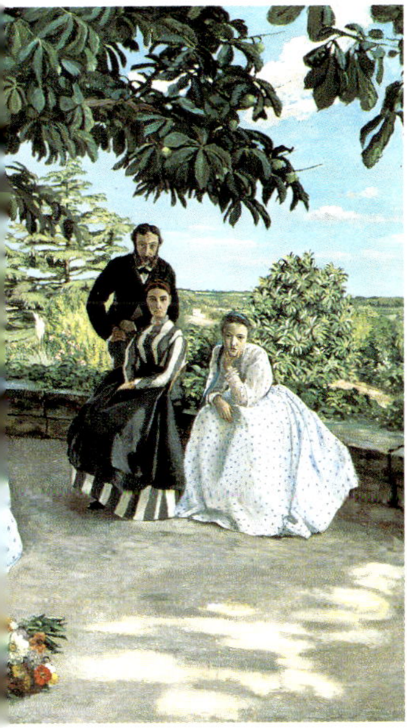

Frédéric Bazille, *Réunion de famille*, 1867. H/t 152 × 230.

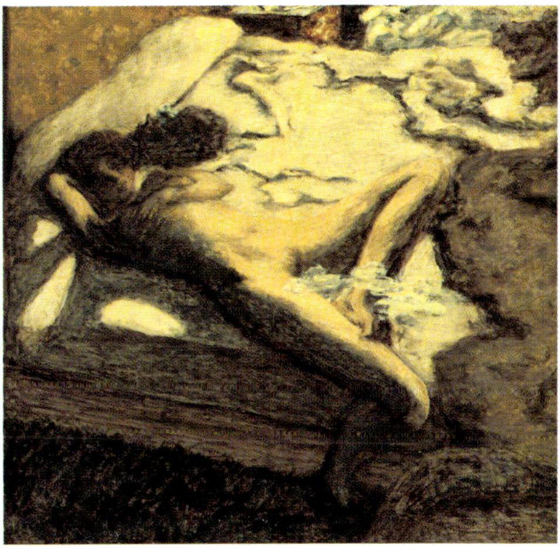

Pierre Bonnard, *L'Indolente*, 1899. H/t 96 × 106.

1891, fut exposé au Salon des Indépendants sous le titre « panneau décoratif 1-2-3-4 ») et révèlent l'influence essentielle des estampes Ukiyo-E et des kakémonos japonais dans la définition de son esthétique (*Crépuscule* ou *La Partie de croquet*, 1892).
Durant cette période nabie Bonnard a peint, comme Vuillard, des scènes intimes, de petit format [48], dont le portrait* des époux Terrasse constitue l'un des premiers exemples (*Intimité*, 1891). L'étude du nu* prend une place importante dans son œuvre vers 1900, en peinture (l'érotique *Indolente*), comme en lithographie. Bonnard se détache ensuite de l'esthétique nabie et considère celle de l'impressionnisme* avec *L'Après-midi bourgeoise* ou *La Famille Terrasse* (1900). MPS

16 **Boudin (Eugène)**
Boudin (1824-1898) traduisit son attrait pour la mer et les navires dans d'harmonieuses marines qui se ressentent de l'influence des œuvres flamandes et hollandaises. Sur la côte normande, en particulier à

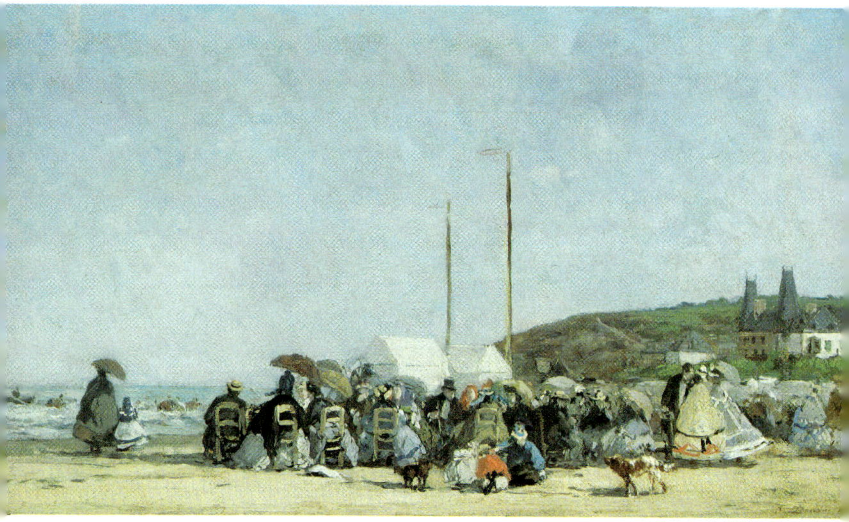

la ferme Saint-Siméon, il retrouvait les paysagistes, se liant avec Courbet*, Jongkind* et Monet*. Il convainquit ce dernier de délaisser la caricature pour la peinture en plein air : Monet reconnut toujours sa dette envers Boudin.
À partir de 1859, Boudin fut admis à plusieurs reprises au Salon*. Baudelaire louait ses études de nuages comme de « prodigieuses magies de l'air et de l'eau », tandis que Corot* le qualifiait de « roi des ciels ». Ses scènes de plage à Trouville restituent l'animation mondaine du lieu au Second Empire.
En accord avec l'impressionnisme* naissant, il exposa cependant une seule fois avec le groupe, en 1874, et suscita l'intérêt du marchand Durand-Ruel. Au cours de ses voyages, il se laissait inspirer par les ports (Anvers, Camaret, Bordeaux...) sans oublier Venise. SP

Bourdelle (Antoine)

Voir Maillol et son temps

5 Breton (Jules)

Voir Courbet

Eugène Boudin, *La Plage de Trouville*, 1864. Huile sur bois, 26 × 48.

Gustave Serrurier-Bovy, *Coiffeuse*, 1899. Acajou ciré, h : 188.

61 Bruxelles

Le rôle de Bruxelles dans la gestation, l'éclosion et la diffusion de l'Art* Nouveau apparaît décisif. Au cours des deux dernières décennies du règne de Léopold II (1865-1909), l'économie belge sort de la récession tandis que le Congo se révèle une source de richesses illimi-

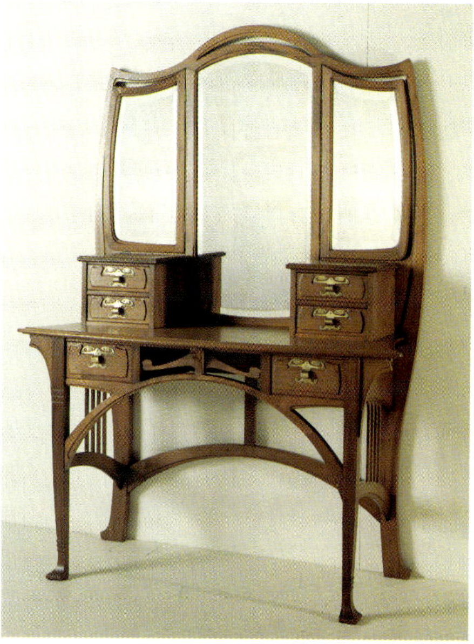

tées. L'agglomération bruxelloise connaît une croissance démographique spectaculaire qui suscite un intense développement de la construction. Ce contexte d'expansion favorise l'ouverture de la ville aux formes les plus avancées de la pensée et de l'art : le réformisme socialiste est largement représenté au Parlement et la bourgeoisie, convaincue de détenir les clés du pouvoir et du progrès, fournit à l'art « moderne » les moyens nécessaires à son essor et à sa diffusion.
L'une des figures les plus représentatives de cette bourgeoisie éclairée est l'avocat Maus ; il s'impose en véritable chef des avant-gardes en fondant en 1881 la revue *L'Art moderne* qui devient l'organisme essentiel du combat en faveur de la modernité, puis en animant successivement le cercle des XX et la Libre Esthétique. Le renouvellement du décor urbain et intérieur bruxellois est dominé par l'activité de quatre éminents architectes décorateurs : Paul Hankar, Victor Horta (ill. p. 21), Gustave Serrurier-Bovy et Henry van de Velde. PT

30 **Caillebotte (Gustave)**

Caillebotte (1848-1894) fut peintre, mécène et collectionneur. Sa fortune lui permit de répondre à sa vocation et de soutenir les impressionnistes*. Il figura à la deuxième exposition du groupe, en 1876, et fut l'un des organisateurs de plusieurs des manifestations suivantes ; il en vint à subir l'influence de ses amis et à adopter leur technique.
Dans ses scènes d'intérieur et ses portraits* (*Henri Cordier*, 1883), il se montrait proche de Degas*. Ses paysages rappellent l'art de Bazille*, ses scènes au jardin les toiles de Monet*, ainsi que ses voiliers et canotiers (*Voiliers à Argenteuil*), évoquant également Renoir*, ce qui lui valut d'être traité d'« impressionniste retardataire » par Félix Fénéon.
Son originalité réside dans ses paysages urbains, ses vues du Paris d'Haussmann et dans sa vision « moderne » : ainsi les *Raboteurs de parquet* (1875), toile exposée en 1876 qui traduit aussi son sens de l'observation et illustre ses emprunts aux estampes japonaises pour leurs cadrages et leur perspective plongeante (voir Japonisme). SP

« Je donne à l'État les tableaux que je possède ; comme je veux [...] que ces tableaux n'aillent ni dans un grenier ni dans un musée de province, mais bien [...] au Louvre, il est nécessaire qu'il s'écoule un certain temps avant l'exécution de cette clause jusqu'à ce que le public, je ne dis pas comprenne, mais admette cette peinture. »

Gustave Caillebotte, 1876.

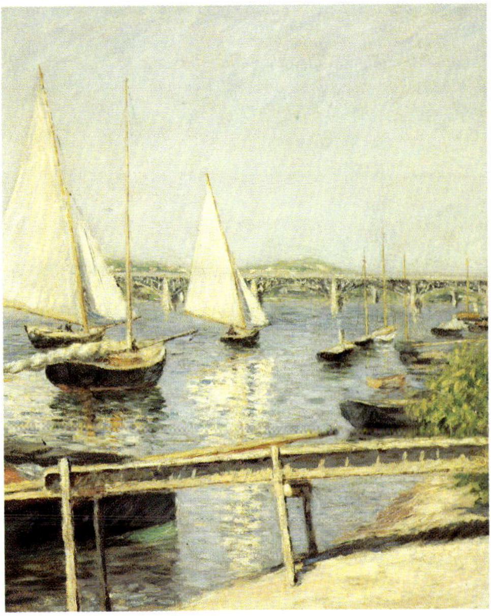

Gustave Caillebotte, *Voiliers à Argenteuil*, v. 1888. H/t 65 × 55,5.

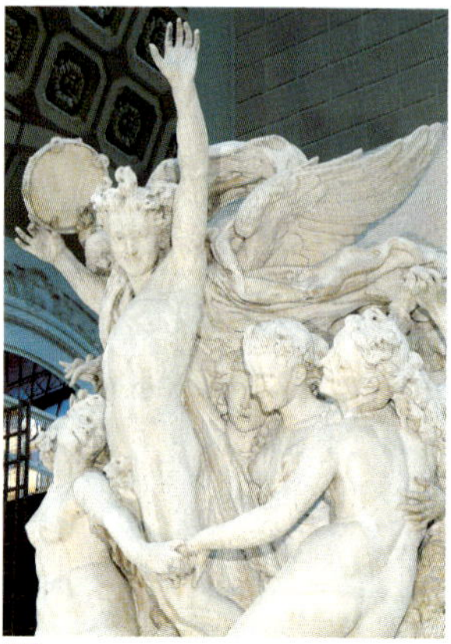

Jean-Baptiste Carpeaux, *La Danse* (détail), 1869. Groupe en pierre d'Échaillon, 420 × 298 × 145.

Carpeaux (Jean-Baptiste)

[*allée centrale*]

Valenciennois d'origine pauvre, Carpeaux (1827-1875) conquit la capitale à force de persévérance. Son séjour à la Villa Médicis lui inspira deux œuvres majeures : *Le Pêcheur à la coquille* (1858, aujourd'hui au Louvre auprès de celui de son maître Rude*) et *Ugolin**. De retour à Paris, il reçut des commandes pour les grands travaux du Second Empire : *Le Triomphe de Flore* et *La France impériale* (1866) pour le Pavillon de Flore au Louvre, *La Danse* (1869) pour l'Opéra* (le musée expose l'original en pierre, remplacé par une copie sur la façade du bâtiment de Garnier), *Les Quatre Parties du monde* (1867-1872) pour la fontaine de l'Observatoire.

Carpeaux surclasse les maîtres du Second Empire (voir Sculpture) par son style exubérant, qui refuse la servilité à l'égard de l'Antiquité et retrouve l'esprit de la Renaissance italienne et du rocaille français. Une irrésistible gaieté se dégage de ses visages aux yeux vifs, aux joues pleines, au sourire franc. Il parvient à rendre proches les portraits officiels de la famille impériale : le prince est représenté en costume de ville, avec son chien.

Pour des raisons financières, Carpeaux a organisé l'édition de ses œuvres en bronze et terre cuite, mais c'est dans ses esquisses qu'éclate sa virtuosité de modeleur. Le musée expose aussi quelques unes de ses peintures. EH

19 Cassatt (Mary)

Si elle quitta les États-Unis pour visiter les musées en Europe et s'établit en France, Mary Cassatt (1844-1926) resta fidèle à son pays d'origine. À partir de 1868, elle figura à plusieurs reprises au Salon*. Elle fit la connaissance de Degas* avec qui elle se lia d'amitié. Il l'invita à exposer avec les impressionnistes* à partir de 1879 et, comme lui, elle s'adonna au pastel* ; séduite par les estampes japonaises, elle exécuta des gravures à l'aspect japonisant*.

Elle a laissé l'image d'une personnalité attachante : une femme indépendante et en même temps tournée vers les valeurs traditionnelles, mer-

Mary Cassatt, *Femme cousant*, v. 1886. H/t 92 × 63.

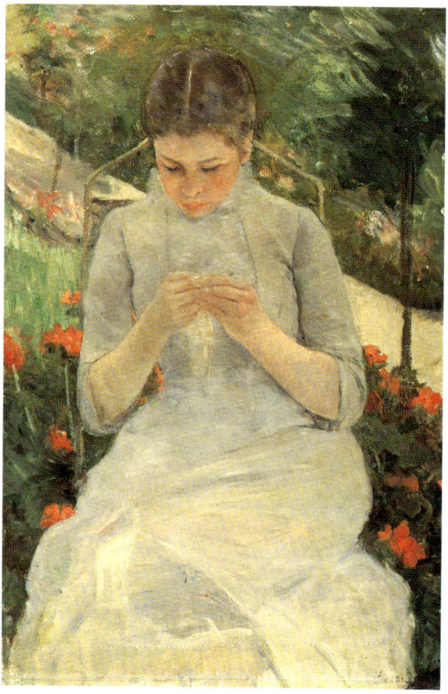

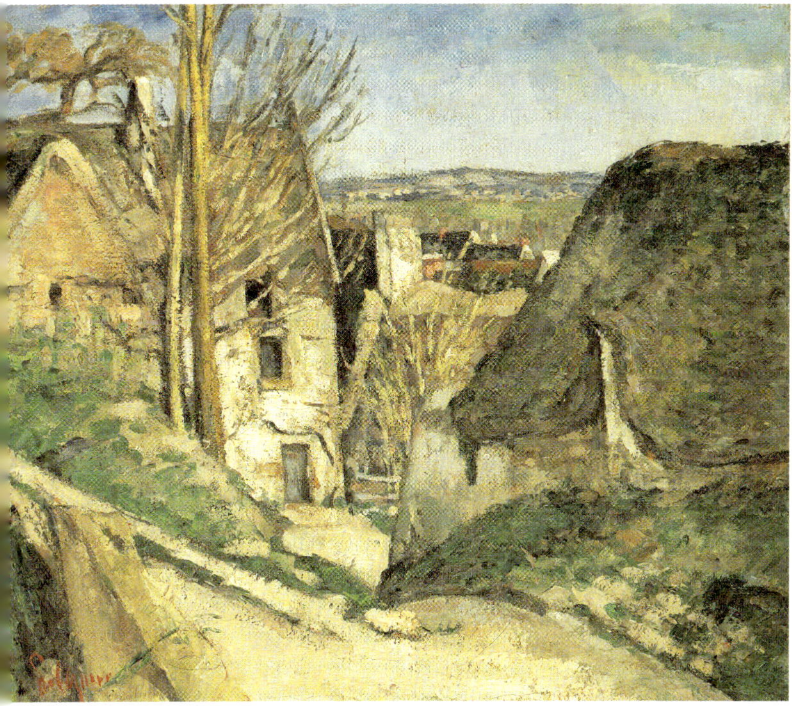

Paul Cézanne, *La Maison du pendu*, 1873. H/t 55 × 66.

veilleusement incarnée dans ses maternités, un thème traité également par Renoir*. Pour ses œuvres intimistes, elle choisit comme modèles des enfants, le plus souvent de sa famille, et des femmes se livrant à des occupations quotidiennes (lecture, couture...). Avec Durand-Ruel, elle fit connaître les impressionnistes outre-Atlantique et contribua à l'enrichissement des collections américaines en art français. SP

36 Cézanne (Paul)

Au musée d'Orsay sont représentés les différents thèmes abordés par Cézanne (1839-1906) au long de sa carrière. *L'Avocat* (1866) fait partie d'un groupe de portraits exécutés au couteau à palette, selon le procédé de Courbet*. Inspirées par les maîtres anciens, ses premières œuvres furent peintes dans des couleurs sombres. Traitées dans une pâte épaisse et avec une facture violente, ces compositions de jeunesse expriment la force de caractère de l'artiste dans d'étranges visions redevables aussi à Zola ou Flaubert (*La Tentation de saint Antoine*, vers 1874 ; *Idylle* ou *Pastorale*, vers 1870).

Les envois de Cézanne au Salon* se virent refusés (tel l'étonnant portrait d'*Achille Emperaire*, 1870). *Une moderne Olympia* (1873-1874), interprétation personnelle d'un thème déjà traité par Manet*, figura à la première exposition impressionniste*, ainsi que *La Maison du pendu*. Aux côtés de Pissarro*, à Auvers-sur-Oise, Cézanne éclaircit sa palette et adopta la technique de la fragmentation de la touche. Se détournant de l'impressionnisme, il se retira en Provence.

Dans ses natures mortes, le peintre étudiait l'incidence de la lumière sur les objets et créait un système perspectif nouveau (*Pommes et oranges*, vers 1895-1900). Pour les « figures » (les portraits* selon le terme cézannien), l'étude plastique des formes, géométrisées, prédomine sur l'analyse psychologique (*Femme à la cafetière*, vers 1890-1895) ; au milieu clos des *Joueurs* de cartes* s'oppose l'espace aérien où évoluent les *Baigneurs* (vers 1890-1892). SP

2 Chassériau (Théodore)

Chassériau (1819-1856) entra en 1831 dans l'atelier d'Ingres* qui reconnut ses dons précoces. Il personnalisa la leçon ingresque – un goût de la ligne et un certain hiératisme – par l'usage d'un coloris raffiné et sensuel qui rappelle peut-être ses origines créoles, mais plus sûrement sa découverte de Delacroix* et son voyage en Algérie en 1846. Le critique Paul de Saint Victor évoquait ainsi à son propos une « double tendance classique et barbaresque » que nous retrouvons dans *Le Tépidarium* (ill. p. 16-17), un des grands succès du Salon* de 1853. Le peintre exprime un romantisme* plus affirmé, orientaliste avec les *Chefs de tribus arabes se défiant au combat singulier* (Salon de 1852), ou littéraire avec *Macbeth et les trois sorcières* (1855). Sa brève carrière est aussi celle d'un brillant portraitiste* et d'un décorateur important.

Mais sa présence au musée d'Orsay rappelle essentiellement que son art intriguant et poétique fut une inspiration déterminante pour quelques grands artistes de la fin du siècle comme Pierre Puvis* de Chavannes et Gustave Moreau*. LDC

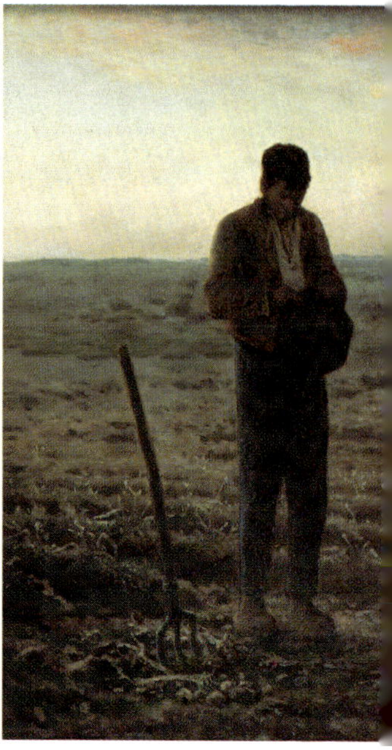

5 Chauchard (collection)

Alfred Chauchard (1821-1909) doit son immense fortune à la création en 1854 des Grands Magasins du Louvre. Tel Ernest et Louise Cognacq-Jay ou Aristide Boucicault, il va rassembler dans son hôtel particulier de la plaine Monceau et au château de Longchamp au bois de Boulogne, l'une des collections artistiques les plus célèbres de son temps. S'il ne commence ses achats qu'après s'être retiré des affaires dans les années 1880, ceux-ci se font à un rythme soutenu et sont parfois très spectaculaires. Ainsi, il rachète à prix d'or en 1890 *L'Angélus* de Millet* à l'American Art Association, ramenant par ce coup d'éclat le tableau en France.

D'une manière générale, il montre une prédilection particulière pour la peinture de paysage, surtout de l'école de Barbizon*, et les scènes de genre,

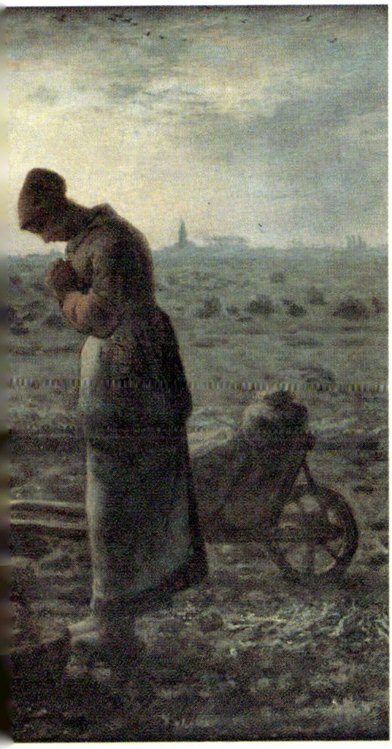

Jean-François Millet, *L'Angélus*, 1858-1859. H/t 55 × 66.

restant en cela fidèle à un certain goût Second Empire. Son legs à l'État d'une partie de ses collections permet d'admirer au musée d'Orsay un ensemble remarquable d'une quinzaine de Corot* dont la *Danse des nymphes* (1860-1865), *La Charrette, souvenir de Marcoussis* (1855), mais aussi la *Chasse au lion* de Delacroix* (1854), le *Marchand turc fumant dans sa boutique* de Decamps (1844), la *Campagne de France, 1814* de Meissonier (1864) ainsi que des œuvres de Troyon, Rousseau, Diaz, Fromentin et Dupré. À cet ensemble de peintures il faut ajouter un fonds important de bronzes de Barye. LDC

Cinématographe

L'invention du cinématographe représente pour le XIXe siècle sensualiste et positiviste la réalisation d'un rêve qui, venu des temps les plus lointains, ne cessa de l'obséder : celui de saisir le réel, de le fixer, de le restituer pour mieux s'en emparer et se le soumettre totalement. Bien des hommes s'appliquèrent à résoudre ce rêve, imaginant de multiples jeux d'optique destinés à donner l'illusion du mouvement, avant que les frères Lumière ne parviennent à effectuer, en un seul appareil, la synthèse de toutes les recherches en cours (dont celles d'Edison aux États-Unis).

Le cinématographe – appareil de projection d'images animées – naquit au public le 28 décembre 1895. Il donna d'abord lieu à une industrie (Gaumont et Pathé virent le jour au début du XXe siècle) ainsi qu'à un spectacle, grâce à Méliès entre autres. Surtout, après bien des tâtonnements et l'échec (bienheureux ?) de la firme du Film d'Art, soucieuse, pour lui donner des lettres de noblesse (!), de l'annexer au théâtre, il parvint à se faire une place légitime dans le monde des arts, dont il devint le septième.

Objet scientifique né d'un siècle dont il est comme l'expression, producteur d'œuvres d'art à part entière, il se doit d'être présent dans ce musée dont certaines œuvres exposées ne sont pas sans analogie (par leur thématique et leur esthétique) avec ce dernier né du monde artistique. CG

Photographie extraite du film de Louis Lumière, *Barque sortant du port*, 1896.

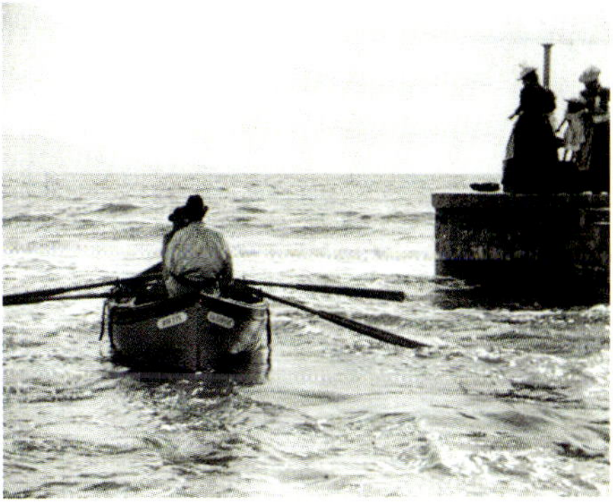

45 CIRQUE

Le *Cirque* fut exposé avec quatre paysages du chenal des Gravelines au Salon des Indépendants de 1891 à Paris, quelques jours avant la mort de Seurat*.
La représentation de scènes de cirque était fréquente dans les années 1880 ; Renoir*, Degas*, Tissot, Toulouse-Lautrec* ont traité ce thème, et Seurat lui-même l'avait déjà envisagé dans *Parade de cirque* (1891). L'ambition de *Cirque* dépasse cependant celle d'une version anecdotique de la vie moderne, étant l'aboutissement, comme l'a noté A. Alexandre, d'une « expérimentation ».
S'il s'est vraisemblablement inspiré, pour l'iconographie, des affiches de Jules Chéret, Seurat a surtout cherché à mettre en application son interprétation des théories de Charles Henry sur les effets psychologiques de la ligne et de la couleur, et sa connaissance des lois optiques de la couleur de Chevreul et de Rood. Le critique Alphonse Germain à relevé, au moment de l'exposition du tableau, que « Tout dans *Cirque* est combiné d'après l'harmonie par analogie, la conciliation des contraires, en vue de sensations gaies : ascendance des lignes, contraste successif des tons, dominante orangée très écrite qu'accentue un cadre en opposition de tons et de teintes avec l'ensemble... ». Seurat utilise aussi les schémas physiognomoniques de Charles Blanc et Charles Henry, ce qui explique l'expression figée et presque caricaturale de ses personnages.
Il n'est pas certain que la bordure à dominante bleu outremer du tableau soit entièrement de la main de Seurat, comme l'affirmait Félix Fénéon ; Signac*, propriétaire de l'œuvre dès 1900, a peut-être lui-même terminé ou complété ce cadre. MPS

Georges Seurat,
Cirque, 1890-1891.
H/t 185 × 152.

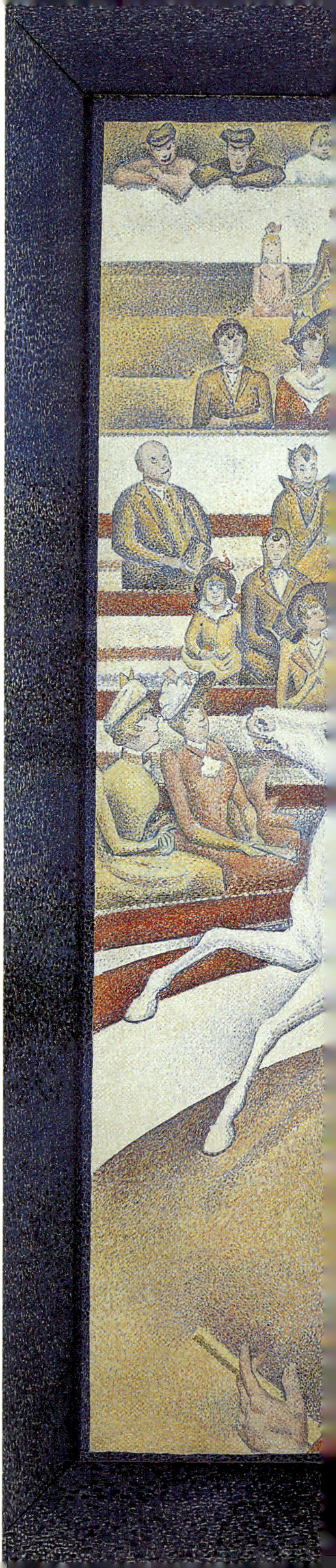

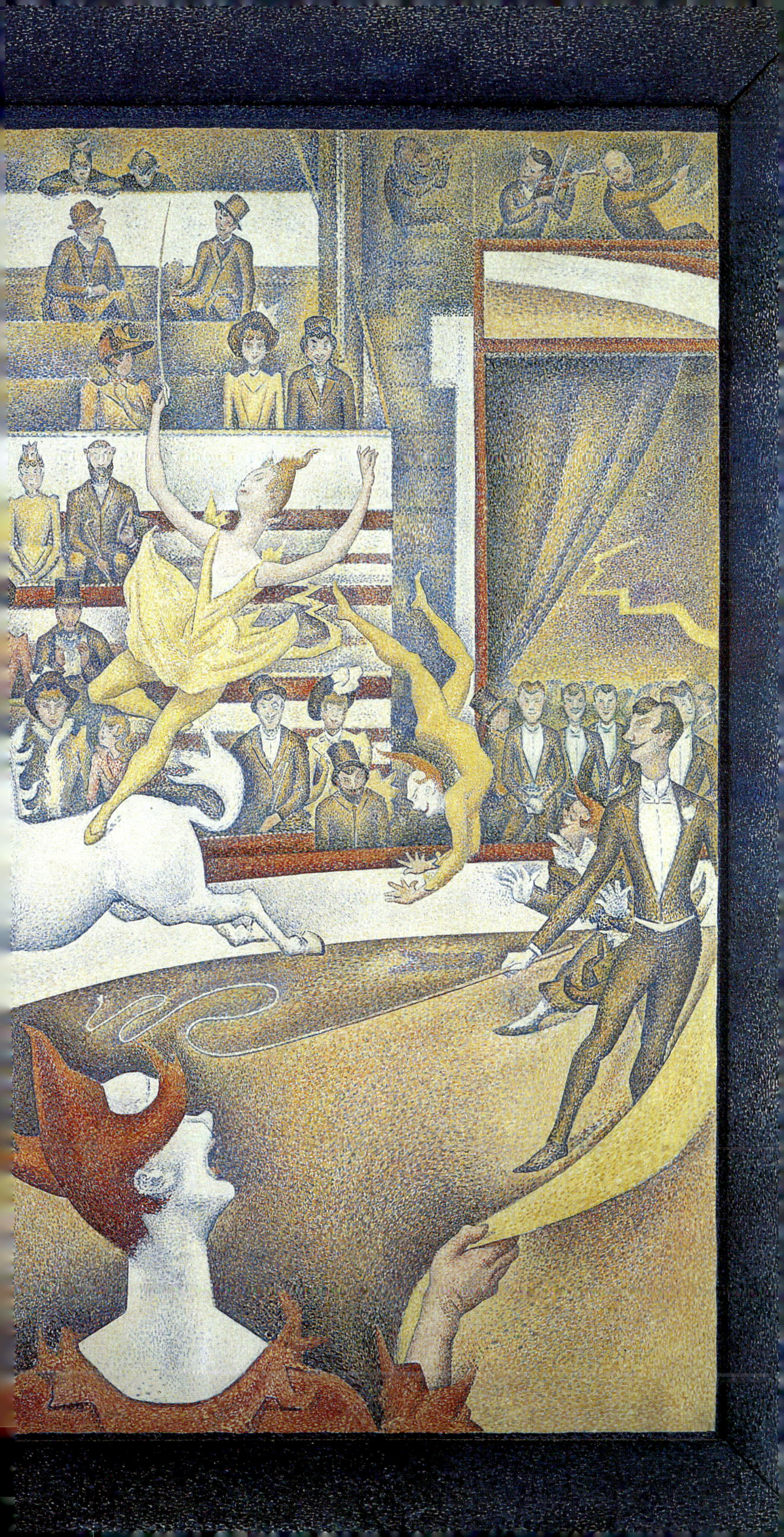

55 Cormon (Fernand)

Voir Naturalisme

6 Corot (Camille)

Le musée d'Orsay ne présente que des œuvres de la maturité de l'artiste. Fondamentalement classique, Corot (1796-1875) se plaît à partir des années 1850-1860 à évoquer une Arcadie nostalgique. Le peintre dont l'œuvre était qualifié par Baudelaire de « miracle de cœur et de l'esprit » se tourne vers un art d'atmosphère, où une nature remémorée accompagne la méditation poétique (*Une matinée, la danse des nymphes*). L'engouement auprès des amateurs est considérable – comme en témoignent les collections Chauchard* et Moreau-Nélaton* – qui affectionnaient ses séries aux variations subtiles.

Le succès commercial de la fin de sa carrière ne doit pourtant pas éclipser l'importance de son œuvre auprès d'artistes plus jeunes comme Pissarro*, qui se déclarait son élève, et Berthe Morisot* qui sollicitait ses conseils. Zola, exprimant sa lassitude, écrivait en 1866 : « Si M. Corot consentait une fois pour toute à tuer ses nymphes dont il peuple ses bois, et à les remplacer par des paysannes, je l'aimerais outre mesure. », mais il n'en louait pas moins le talent de l'artiste et le considérait comme un des précurseurs de l'impressionnisme*. Enfin, ses peintures de figures (*Jeune femme à la robe rose*, vers 1860-1865), peu connues de son vivant, furent admirées par Degas*. LDC

Camille Corot, *Une matinée, la danse des nymphes*, 1850-1851. H/t 98 × 131.

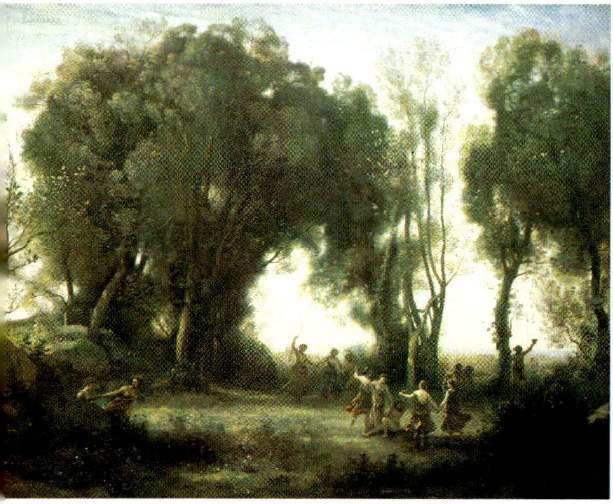

7 COURBET ET LES RÉALISMES
« Faire de l'art vivant »

Le mot « réalisme » apparut en tant que désignation d'un mouvement artistique sous la plume de Champfleury en 1847. Théorisant la nécessité d'une représentation véridique du réel, en réaction aux idéalismes néoclassiques et romantiques, il fit de Gustave Courbet (1819-1877) le chef de file de cette tendance. Champfleury voyait en effet dans les premières œuvres du peintre la traduction sincère et digne d'un monde familier et quotidien. Et, lorsqu'en 1850, Courbet présenta au Salon* *Un enterrement à Ornans*, l'œuvre provoqua un scandale car elle élevait au rang et au format de la plus ambitieuse peinture d'histoire un événement banal. Courbet n'est pourtant en aucun cas l'artiste d'un mouvement, et très rarement celui d'une peinture à programme. Dans le préambule du catalogue publié à l'occasion de son exposition personnelle de 1855, il tient à relativiser lui-même cet état de fait : « Le titre de réaliste m'a été imposé comme on a imposé aux hommes de 1830 le titre de romantiques. Les titres en aucun temps n'ont

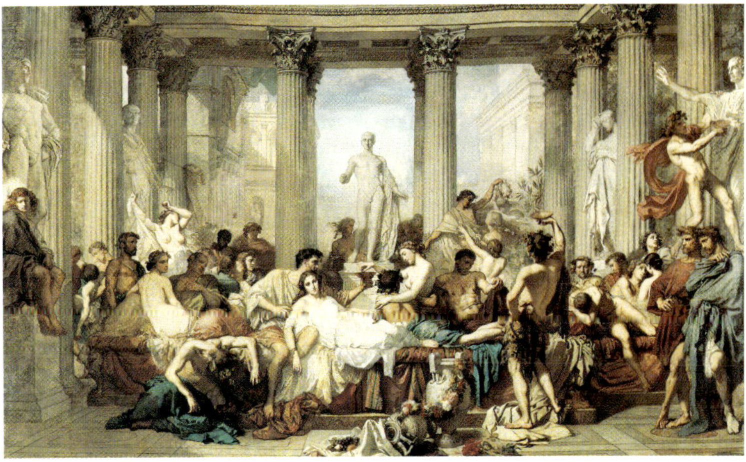

Thomas Couture, *Les Romains de la décadence*, 1847. H/t 466 × 775.

Couture (Thomas)

Élève de Gros puis de Delaroche, Couture (1815-1879) aspire à un renouveau de la peinture française qui passerait, selon lui, par la référence au « grand art de la Grèce antique, celui des maîtres de la Renaissance, et l'admirable école flamande ». Autant d'éléments qu'il rassemble ambitieusement dans *Les Romains de la décadence* [allée centrale] du Salon* de 1847. Inspiré d'une satire de Juvénal, le tableau, immédiatement acheté par l'État, n'en est pas moins une allégorie de la corruption du gouvernement de Louis-Philippe. Pourtant, l'éclectisme* brillant dont l'artiste fait ici preuve – une alliance de réalisme et de concessions à la tradition classique dans une gamme de tons clairs – se révèle rapidement une impasse créative. Ainsi, Couture ne sera pas le grand peintre d'histoire du nouveau régime impérial. En revanche, son atelier – que le jeune Manet* fréquenta six ans – lui permit de développer un enseignement éloigné de l'académisme en encourageant la simplification, l'usage de la couleur pure et la pratique d'un dessin rapide, fait sur le vif. LDC

donné une idée juste des choses ; s'il en était autrement les œuvres seraient superflues. »
L'artiste poursuivra donc son parcours, laissant à d'autres le soin de reprendre le flambeau d'un mouvement dont les déclinaisons seront multiples jusqu'à la fin du siècle. Ainsi, l'on peut aussi bien parler des rapports du réalisme avec le naturalisme* classique des scènes de la vie paysanne de Millet*, que d'un certain académisme réaliste, à propos des œuvres à la facture traditionnelle et précise de Jules Breton et Rosa Bonheur. LDC

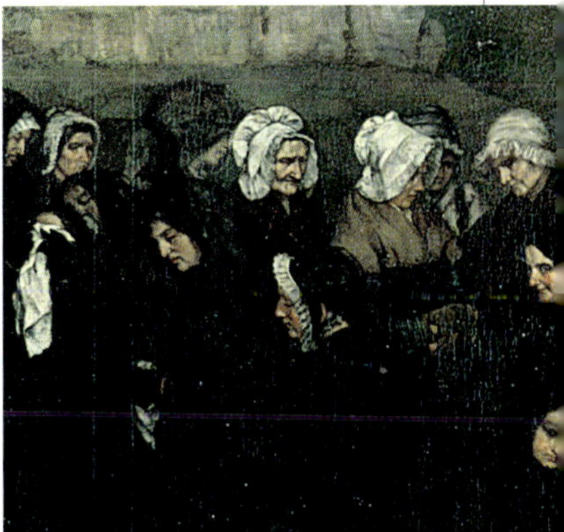

Gustave Courbet, *Un enterrement à Ornans* (détail), 1850.

56 Dalou (Aimé-Jules)

N'accédant jamais au prix de Rome, Dalou (1838-1902) dut d'abord gagner sa vie comme ornemaniste. Il apprit ainsi à modeler dans tous les styles, se référant au baroque (*Bacchanale*, 1899, proche de son *Triomphe de Silène* du jardin du Luxembourg, 1897) et au XVIIIe siècle (*Femme nue lisant dans un fauteuil*, 1878). Surtout, il innova en représentant des classes sociales jusque-là négligées des sculpteurs français. Dans le *Triomphe de la République* (1899, place de la Nation), il introduit un forgeron en tablier, le marteau sur l'épaule.

Son *Grand Paysan* (1898-1899) est lié à un projet de *Monument au Travail*, resté à l'état d'esquisses (musée du Petit Palais).

Alors que Guillaume, en 1849, représentait un *Faucheur nu** avec un corps d'athlète grec, Dalou, lui, transcrit la réalité : chaussé de sabots, frustement vêtu, l'homme relève ses manches comme s'il marquait une pause dans son labeur; son corps est déformé par le travail. On pense au naturalisme* d'Émile Zola dans *La Terre*.

Exempte de tout pathos et de toute anecdote, la sculpture d'Aimé-Jules Dalou atteint à

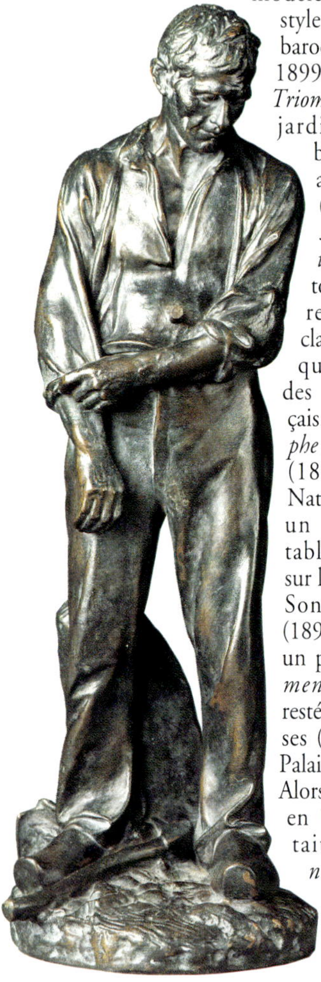

Aimé-Jules Dalou, *Le Grand Paysan*, 1899-1902. Bronze, 197 × 70 × 68.

4 Daumier (Honoré)

Lithographe, peintre et sculpteur, Daumier (1808-1879) commence une carrière de caricaturiste sous la Monarchie de Juillet. Il s'aide parfois de la sculpture, comme les hilarants bustes des *Célébrités du Juste-Milieu*, dits les *Parlementaires* (1852), en terre crue coloriée. La Révolution de 1848 enthousiasme ce républicain. Il remporte un concours pour une effigie de la République, dont il n'achèvera jamais le tableau définitif. Ses espoirs sont déçus par l'arrivée au pouvoir de Napoléon III. Le *Ratapoil* (1850) raille ces soldats de l'Empire, mis à la retraite par Louis-Philippe, employés à diffuser la propagande bonapartiste. Daumier peint surtout la vie quotidienne de ses contemporains, des scènes de rue (*La Blanchisseuse*) ou de spectacles (*Crispin et Scapin*, vers 1864) mais s'inspire parfois de la littérature (*Don Quichotte et la mule morte*, 1867). Son art plein d'humanité, sa technique vivante qui sculpte les volumes et schématise les formes ne lui vaut pas la célébrité : il meurt dans la misère en 1879. « Des gens comme Daumier, écrivait Van Gogh*, on doit les vénérer, car ils sont parmi les pionniers. » C'est à ce titre qu'il figure au musée d'Orsay, quoique né en 1808. EH

5 Decamps (Alexandre)

Voir Chauchard

31 Degas (Edgar)

Portraitiste influencé par Ingres* (*La Famille* Bellelli*), le jeune Degas (1834-1917) fut aussi un peintre d'histoire (*Sémiramis construisant Babylone*, 1861, [13]), admis au Salon*. Il participa ensuite à la

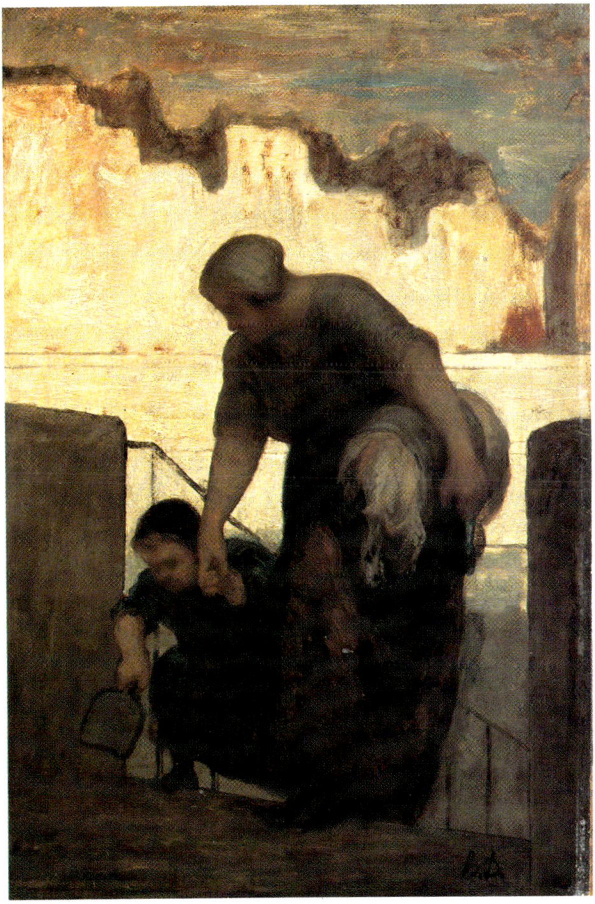

Honoré Daumier,
La Blanchisseuse,
v. 1863.
H/b 49 × 33.

première exposition impressionniste*, ainsi qu'à plusieurs des suivantes. Ses toiles inspirées par les courses de chevaux répondaient à son étude du mouvement et de la représentation de la vie parisienne. En accord avec la littérature contemporaine d'un Zola, Degas aborda des sujets « modernes » avec réalisme : *Au café*, dit *L'Absinthe* (1876) ou *Les Repasseuses* (vers 1884). *L'Orchestre de l'Opéra* (vers 1868-1870) associe la passion de l'artiste pour la musique* à celle qu'il éprouvait pour la danse : cherchant l'instantanéité, Degas s'intéressait autant à l'atmosphère des coulisses et des répétitions (*La Classe de danse*, vers 1873-1875) qu'aux ballets (*Danseuse au bouquet saluant*, vers 1877). Sa vue déclinant, le peintre se tourna vers le pastel* dont il exploita avec virtuosité les effets de couleurs spectaculaires [37-38]. Il utilisa également cette technique pour traiter avec un grand sens de l'observation le thème du nu* à travers les femmes à leur toilette (*Le Tub*, 1886) : ses cadrages audacieux manifestaient l'admiration pour les estampes japonaises* qu'il partageait avec Mary Cassatt*. Degas s'essaya aussi à la gravure et à la sculpture [33]. SP

2 Delacroix (Eugène)

Comme Ingres*, Delacroix (1798-1863) connut l'apogée de sa gloire sous le Second Empire. Il triompha à l'Exposition universelle de 1855, où une salle particulière lui était consacrée, et en 1859 il fut enfin élu à l'Institut après sept échecs. Dernier des grands peintres de la tradition dans sa capacité à aborder tous les genres, Delacroix était unanimement admiré par les artistes de la Nouvelle Peinture (voir Impressionnisme). Baudelaire le considérait comme un héros de la modernité et voyait dans la *Chasse aux lions*, dont le musée d'Orsay conserve la grande esquisse peinte, « une véritable explosion de couleurs », ajoutant : « on dirait que cette peinture, comme les sorciers et les magnétiseurs, projette sa pensée à distance ». À sa mort Fantin-Latour* peignit un *Hommage à Delacroix* (Salon de 1864) où figurent entre autres Baudelaire, Manet* et Whistler*. Ses recherches dans le domaine de la couleur auront une influence déterminante, notamment sur l'œuvre de Renoir* et de Seurat*. Signac* revendiquera cette filiation dans son manifeste symboliquement intitulé *D'Eugène Delacroix au néo-impressionnisme*. LDC

46 Divisionnisme

Voir Pointillisme

9 Éclectisme : la fin des certitudes

Constant appel aux styles du passé, l'éclectisme se conforte durant la seconde moitié du siècle par le développement de musées et de collections privées d'art ancien, les travaux et recueils d'archéologues, d'historiens ou d'érudits et les désirs d'une clientèle nouvelle, la bourgeoisie, peu sûre de son jugement, à la recherche de légitimité et de racines. Cet engouement pour les styles les plus divers est également favorisé par les voyages d'exploration, la colonisation et les Expositions universelles, au sein desquelles les arts occidentaux se trouvent confrontés à ceux de l'Orient et de l'Asie. Plus encore que la peinture ou la sculpture, ce sont les arts* industriels qui tendent à diffuser l'éclectisme. L'un des pre-

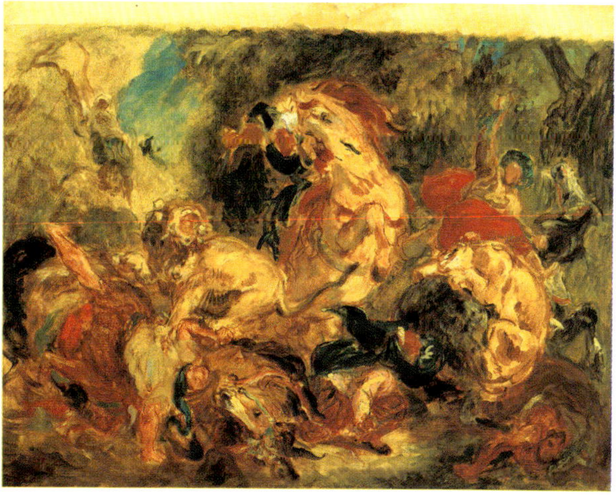

Eugène Delacroix, *Chasse aux lions*, esquisse, 1854. H/t 86 × 115.

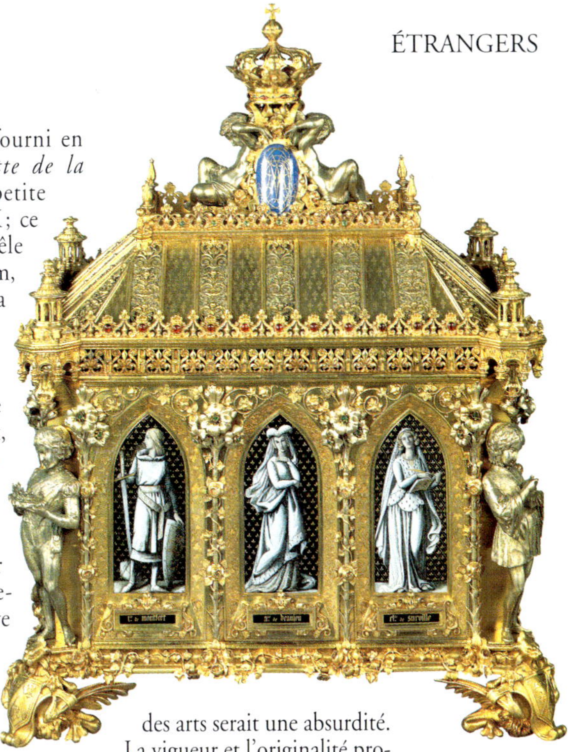

François-Désiré Froment-Meurice, *Toilette de la duchesse de Parme*, 1847-1849. Argent, cuivre doré, émail peint sur cuivre, verre bleu, grenats, émeraudes, 42 × 35 × 27.

miers exemples est fourni en 1851 par la *Toilette de la duchesse de Parme*, petite fille du roi Charles X ; ce précieux mobilier mêle les influences de l'Islam, du Moyen Âge, de la Renaissance et du baroque.
Si le gothique s'impose dans l'orfèvrerie et le mobilier religieux, l'art hellénistique et la Renaissancc trouvent un nouvel essor grâce aux procédés industriels développés par Christofle ou Barbedienne. Source de rêve et d'évasion, l'Orient favorise aussi la redécouverte de techniques tel le verre soufflé et émaillé, jusqu'à l'avènement du japonisme*. CM

Étrangers en France et hors de France

La France – et particulièrement Paris – exerçait un attrait constant dans la seconde moitié du XIXe siècle sur les artistes étrangers ; nombreux furent ceux qui ne purent concevoir de se former sans venir y étudier. La richesse des musées, mais surtout l'effervescence de la création contemporaine, rythmée par les Salons et les Expositions universelles, s'ajoutaient aux multiples possibilités de formation (École des beaux-arts, ateliers libres, groupements indépendants d'artistes). On comprend alors pourquoi des artistes aussi différents que James Whistler*, Vincent Van Gogh* ou Edvard Munch aient vécu et travaillé en France, ne serait-ce qu'épisodiquement.
Cependant, faire de Paris l'unique capitale européenne des arts serait une absurdité.
La vigueur et l'originalité profonde de certaines écoles étrangères telles que le préraphaélisme en Angleterre ou les Macchaioli en Italie ont précisément été l'une des causes de la richesse esthétique de cette période. Enfin, on ne peut que souligner le caractère international de la plupart des grands mouvements artistiques de la fin du siècle, du symbolisme* à l'Art* Nouveau.
C'est pourquoi le musée d'Orsay mène une politique d'acquisition d'œuvres d'artistes étrangers qui tente peu à peu de combler les lacunes laissées par les achats trop épisodiques du musée du Luxembourg à la fin du XIXe siècle. Ainsi, des œuvres aussi importantes que *La Roue* de la Fortune* de Burne-Jones ou les *Rosiers sous les arbres* (1905, ill. p. 22-23) de Gustav Klimt, artistes peu ou pas du tout présents jusqu'alors dans les collections nationales, ont été acquises à l'occasion de la création du musée. LDC

13 FAMILLE BELLELLI

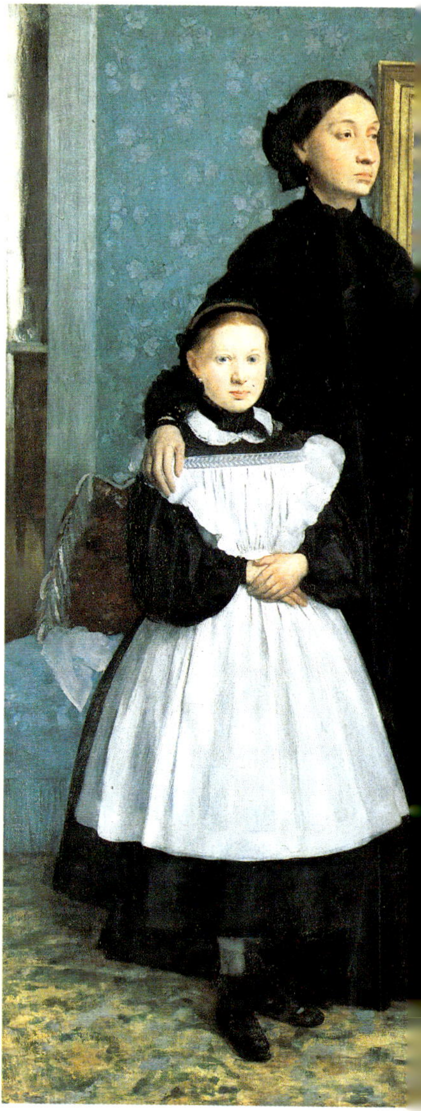

« Je suis occupé d'un portrait de ma tante et de mes deux petites cousines. [...] Je le fais comme si je faisais un tableau [...] je ramène tout au *tableau* [...] et je ne bouge plus de la maison. [...] J'ai deux petites cousines à manger. L'aînée est [...] une petite beauté; la petite a de l'esprit comme un démon et de la bonté comme un petit ange. Je les fais avec leurs robes noires et des petits tabliers blancs qui leur vont à ravir. [...] Je voudrais une certaine grâce naturelle avec une noblesse que je ne sais comment qualifier. » : dans cette lettre adressée depuis Florence le 27 novembre 1858 à son ami Moreau*, Degas* évoquait cette composition ambitieuse initialement appelée *Portrait de famille*.

Séjournant en Italie, l'artiste représenta sa tante paternelle, Laure Bellelli, son mari, Gennaro Bellelli, et leurs filles Giovanna et Giulia. Le grand « *tableau* », qui fut probablement exécuté à Florence et à Paris après avoir été précédé de nombreuses esquisses préparatoires, dessinées et peintes (dont un pastel* d'ensemble, vers 1859, Copenhague, Ordrupgaard Samlingen), est le chef-d'œuvre d'un peintre âgé de vingt-cinq ans : il y exprimait son admiration pour les maîtres anciens (Holbein, Pontormo, Bronzino, Van Dyck) et pour Ingres*, qu'il avait beaucoup regardé et copié. Le jeune Degas s'y montre aussi novateur, traitant ce portrait* collectif en homme de son temps, de manière personnelle et « moderne » : les modèles sont saisis dans leurs attitudes de la vie quotidienne, tandis que le climat psychologique de la scène est traduit avec justesse (les relations distantes entre les deux époux, la turbulence de la petite Giu-

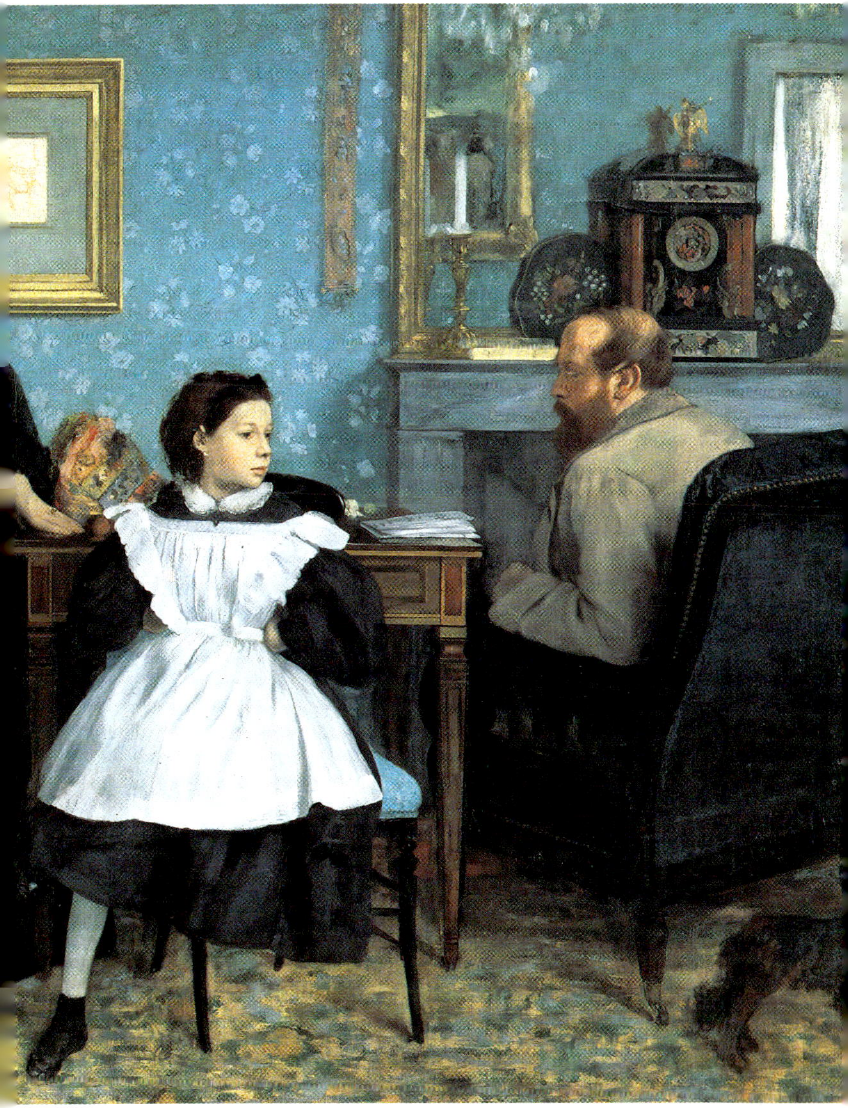

Edgar Degas,
La Famille Bellelli,
1858-1867. H/t 200 × 250.

lia ayant de la peine à tenir la pose, l'atmosphère de tristesse pesante renforcée par un deuil familial récent que rappellent les vêtements).

Cette œuvre retint l'artiste qui y travailla longuement et elle fut probablement exposée au Salon* de 1867 ; redécouverte seulement à la mort de Degas, elle fut aussitôt acquise par le musée du Luxembourg en 1918. SP

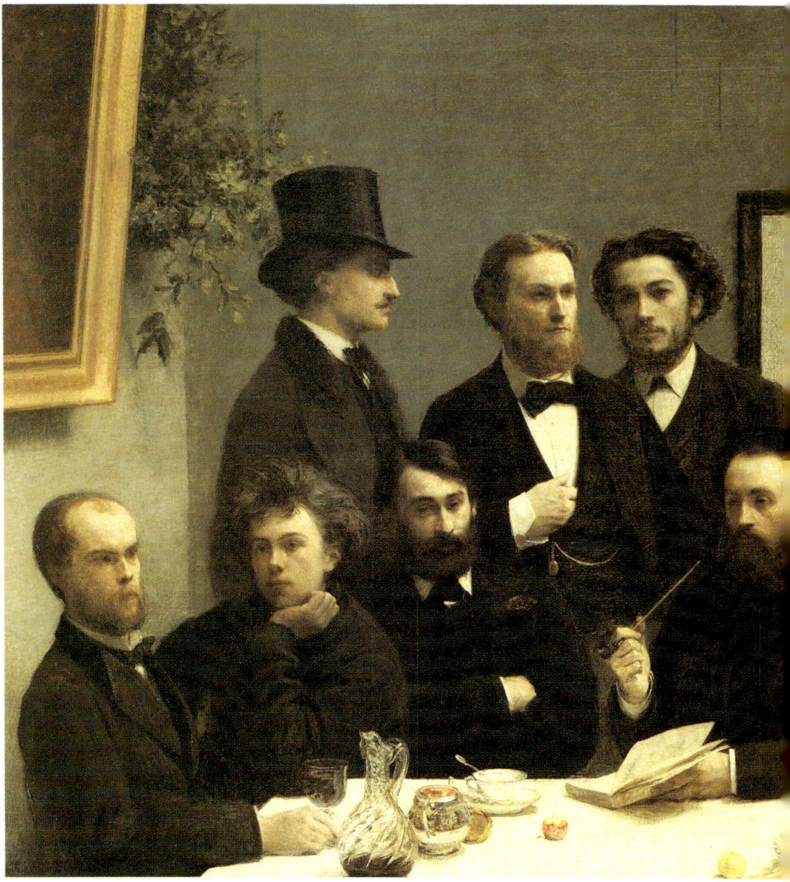

Henri Fantin-Latour, *Coin de table*, 1872. H/t 160 × 225.

15 Fantin-Latour (Henri)

Fantin-Latour (1836-1904) suivit l'enseignement de Lecoq de Boisbaudran dès 1851 et étudia les maîtres anciens, notamment vénitiens et hollandais au Louvre. Les ambitieux portraits de groupe du musée d'Orsay, *Hommage à Delacroix** (Salon* de 1864) [29], *Un atelier aux Batignolles* (Salon de 1870), *Coin de table* et *Autour du piano* (Salon des Artistes français de 1885), se réfèrent ostensiblement aux hiératiques portraits collectifs de Hals et de Rembrandt, et témoignent du milieu intellectuel et artistique que fréquentait l'artiste.

Proche de Whistler* et des impressionnistes*, notamment de Degas* et Manet* malgré une flagrante divergence d'esthétique, Fantin-Latour était aussi un mélomane averti et passionné, amateur de Robert Schumann, Hector Berlioz et Richard Wagner (voir Musique).

Henri Fantin-Latour fut entendu en son temps comme un portraitiste* au métier classique ; son réalisme, étranger aux modèles de Courbet, est tourné vers la méditation des exemples de l'art du XVIIe siècle et du caravagisme européen.
MPS

André Derain, *Le Pont de Charing-Cross*, v. 1906. H/t 81 × 100.

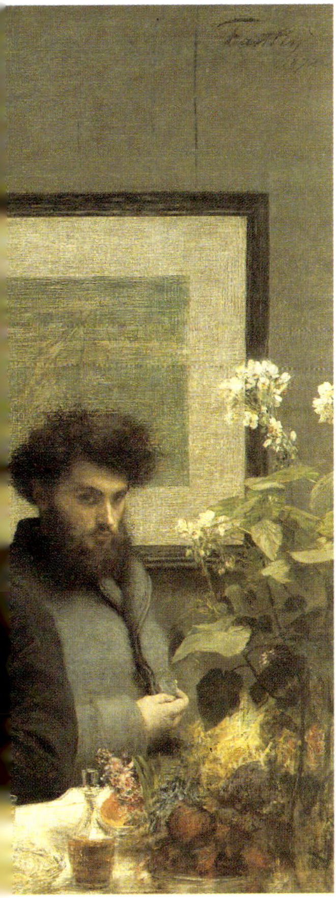

50 FAUVISME

« Il faut peindre avec des cobalts purs, des vermillons purs, du véronèse pur. » (Vlaminck)

La dénomination de « fauves » est due au critique Louis Vauxcelles, relevant « l'orgie de tons purs » de jeunes artistes exposant au Salon d'Automne de 1905, Camoin, Flandrin, Matisse, Marquet, Rouault, élèves de Moreau*, ainsi que Derain, Van Dongen et Vlaminck.

Les théories de Gauguin*, l'art de Van Gogh*, révélé par la rétrospective chez Bernheim-Jeune en 1901, et l'œuvre des néo-impressionnistes, Cross et Signac*, ont guidé ces jeunes artistes dans leur exploration de l'expressionnisme de la couleur, le refus du naturalisme* et de la perspective traditionnelle.

Chronologiquement, le fauvisme ne se prolonge guère au-delà de 1905 ; ce n'est qu'une étape dans l'œuvre de ces artistes, dont l'essentiel de la carrière appartient à l'art du XXe* siècle. La présentation au musée d'Orsay d'œuvres de Derain comme *Le Pont de Charing-Cross* (vers 1906) et *La Seine au Pecq* (1904) ou de Vlaminck, *Nature morte* (vers 1910), est cependant essentielle pour comprendre la filiation entre l'art de Delacroix*, de Moreau, et celui de la jeune génération d'artistes formée à la fin des années 1890. MPS

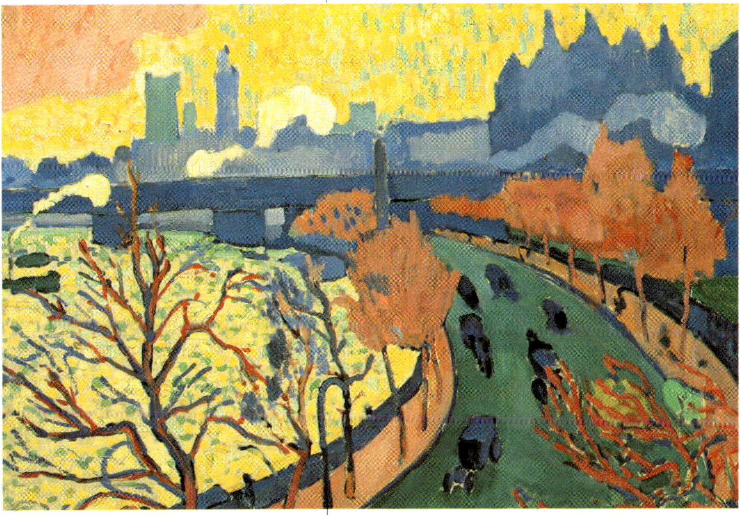

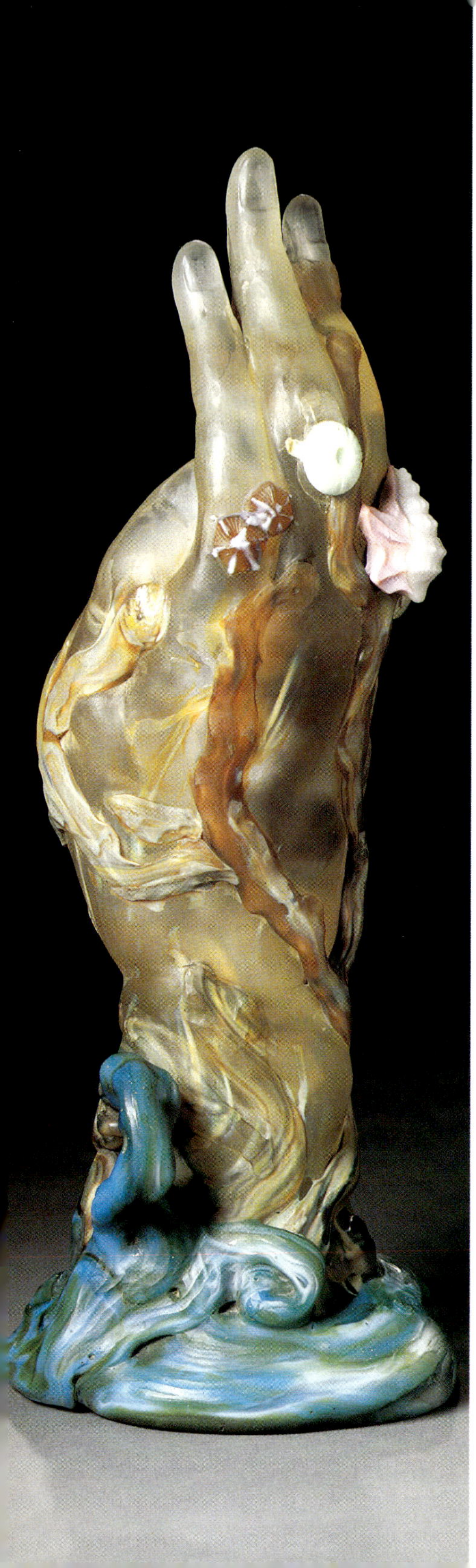

63 **Gallé (Émile)**
« Homo triplex », selon le mot de son concitoyen le critique d'art Roger Marx, Gallé (1846-1904) fut à la fois céramiste, verrier et ébéniste. En 1877, il succéda à son père Charles Gallé-Reinemer (1818-1902), négociant en porcelaines et cristaux, à la direction des différents ateliers que celui-ci avait installés au sein de quelques manufactures lorraines de céramique et de verrerie. En 1884 il créa à Nancy* ses propres ateliers d'ébénisterie puis sa cristallerie en 1894.
Son premier franc succès date de l'exposition de l'Union centrale des Arts décoratifs consacrée aux arts du feu, en 1884. Les triomphes remportés lors des Expositions universelles de Paris en 1889 et 1900 lui assurent ensuite une consécration internationale.
Infatigable quêteur d'inédit, Gallé mène une recherche longue et passionnée afin de dégager sa production de l'influence des créations du passé; pour ce faire, il multiplie les inventions techniques et décoratives et utilise les modèles naturels avec une fantaisie débordante et un sens raffiné des nuances et de l'ornement. Son époustouflante compétence technique n'est jamais gratuite : procédés et recherches sont les interprètes de son imagination de poète ébloui par la splendeur des spectacles offerts par la nature. PT

« Homme libre,
toujours tu chériras la mer.
La mer est ton miroir,
tu contemples ton âme. »

Baudelaire, cité par Émile Gallé dans *Le Décor symbolique*, 17 mai 1900.

GARE D'ORSAY
Cathédrale des temps modernes

En vue de l'Exposition universelle de 1900 et pour répondre à une demande de la Compagnie des chemins de fer d'Orléans, naît l'idée de construire une station-terminus quai d'Orsay, sur l'emplacement de l'ancienne cour des comptes, incendiée durant la Commune. L'architecte Laloux sort vainqueur de la consultation lancée en 1897 ; il lui faut à la fois dresser un bâtiment susceptible d'accueillir des voyageurs en très grand nombre et l'intégrer au cœur d'un Paris historique, celui du Louvre et de la Concorde. La grande halle industrielle de métal et de verre est donc masquée par une imposante façade de pierre.

Intérieur de la gare d'Orléans, quai d'Orsay. Photographie.

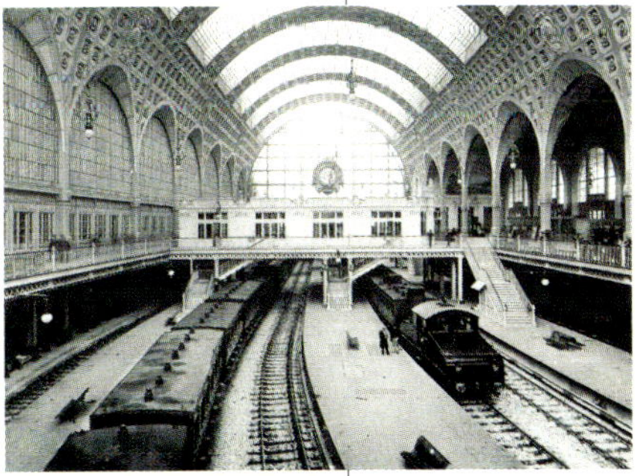

Inaugurée le 14 juillet 1900, la gare fait preuve d'une grande modernité ; conçue pour la traction électrique, elle dispose de tapis roulants pour les bagages, de vastes salles d'accueil, de cinq voies de chemin de fer en sous-sol. Sur les rues de Bellechasse et de Lille se déploie un hôtel de trois cent soixante-dix chambres, dont la salle des fêtes et le restaurant témoignent aujourd'hui encore de l'apparat. Tout le décor a été confié à des artistes officiels : peintures de la salle de départ par Cormon, du restaurant par Ferrier et Benjamin-Constant, de la salle des fêtes par Fritel ; sur le quai, trois statues allégoriques figurent les villes de Bordeaux, Toulouse et Nantes. Le trafic grandes lignes s'interrompit en 1939 et l'hôtel ferma ses portes en 1973. Menacée de démolition, la gare fut finalement sauvée et destinée à abriter le musée d'Orsay. CM

Garnier (Charles)

Voir Opéra

44 Gauguin (Paul)

En 1883, Gauguin (1848-1903) abandonna sa carrière chez l'agent de change Bertin pour se consacrer exclusivement à l'art, auquel il s'était initié en autodidacte guidé par l'œuvre des impressionnistes* (qu'il collectionnait) et la fréquentation de Pissarro*.

Lors de son premier séjour à Pont-Aven*, il trouve « le sauvage et le primitif », comme il l'écrit à Schuffenecker, et sa rencontre avec Émile Bernard précipite son évolution vers le synthétisme et le cloisonnisme, approfondis au cours des deuxième et troisième séjours à Pont-Aven, pendant lesquels il peint *La Belle Angèle* (1889) et *Nature morte à l'éventail* (1889). Après l'intermède de sa rencontre avec Van Gogh* en Arles (*Les Alyscamps*, 1888), Gauguin devient l'âme du groupe de Pont-Aven. Sa quête d'un idéal mystique et primitif le conduit ensuite à Tahiti, où l'exotisme sensuel transforme son symbolisme* (*Le Repas**). Après un séjour en France (1893-1895), pendant lequel

À gauche : Émile Gallé, *La Main aux algues et aux coquillages*, 1904. Cristal gravé, à inclusions et applications, 34 × 13.

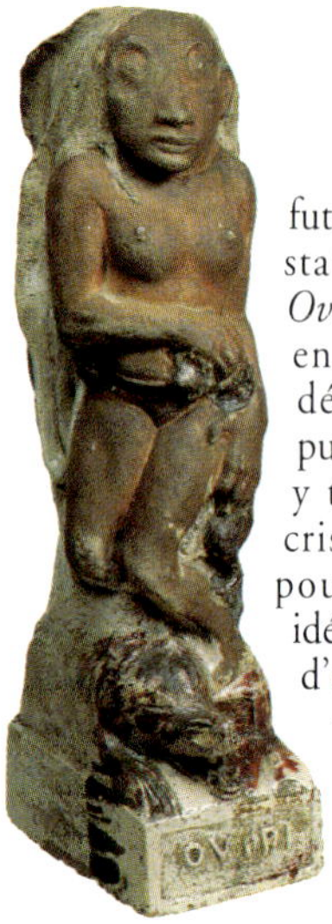

Paul Gauguin, *Oviri* vue de 3/4, 1894. Grès cérame émaillé, 75 × 19.

fut notamment exécutée la statuette en grès cérame *Oviri*, qui signific sauvage en tahitien, il retourna définitivement à Tahiti puis aux îles Marquises. Il y traversa une profonde crise métaphysique mais poursuivit toujours son idéal hédoniste et sa quête d'une esthétique primitiviste, manifestes dans l'une de ses dernières œuvres, le décor en séquoia sculpté de sa case à Atuona, la « maison du jouir », *Soyez mystérieuses Soyez amoureuses et vous serez heureuses* (1902). MPS

1 Gérôme (Jean-Léon)

Gérôme (1824-1904) est le parfait exemple de l'artiste académique à succès, tant en peinture qu'en sculpture. Il se spécialisa dans les reconstitutions de scènes antiques et orientales, à la technique minutieuse et à la sensualité suave. Il débuta au Salon* de 1847 avec le *Combat de coqs*, une œuvre qui doit beaucoup à Ingres* et cultive la nostalgie de la Grèce antique. Cette précision archéologique s'affine avec *Les Gladiateurs* (1878), sa première sculpture : l'équipement du vainqueur est une copie exacte d'armures antiques. Aimé Morot, le gendre de Gérôme, inclut ce groupe dans un monument qui le représente au travail, sculptant *Les Gladiateurs* placés sur une selle tournante [*terrasse Seine*]. Gérôme sut cependant innover : il participa à la renaissance de la sculpture polychrome* avec *Tanagra*, de 1890 [52] et, avec *Consumatum* est, renouvela en 1868 la tradition de la peinture religieuse. Dans cette crucifixion, l'événement est décalé car la foule descend du calvaire, tout comme le cadrage puisque les croix sont figurées par leurs ombres. EH

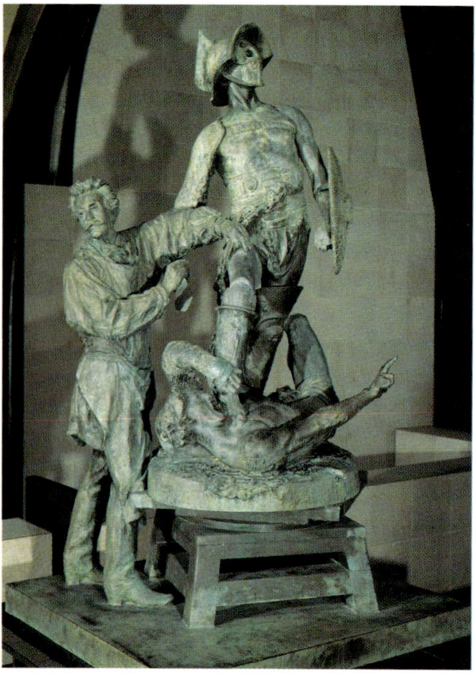

Jean-Léon Gérôme et Aimé Morot, *Gérôme exécutant les Gladiateurs. Monument à Gérôme.* Groupe en bronze, 360 × 182 × 170.

Glasgow

C'est à l'architecte Charles Rennie Mackintosh (1868-1928) que Glasgow doit d'être l'une des capitales de l'Art* Nouveau. Dès 1896, il remporte le concours organisé pour la construction d'une nouvelle école d'art à Glasgow, édifice en pierre, brique, verre et fer, aux façades asymétriques dépouillées de tout ornement classique. Pourtant, la réputation qu'il acquiert rapidement tient davantage à son œuvre de décorateur et de « designer », grâce à sa participation aux expositions

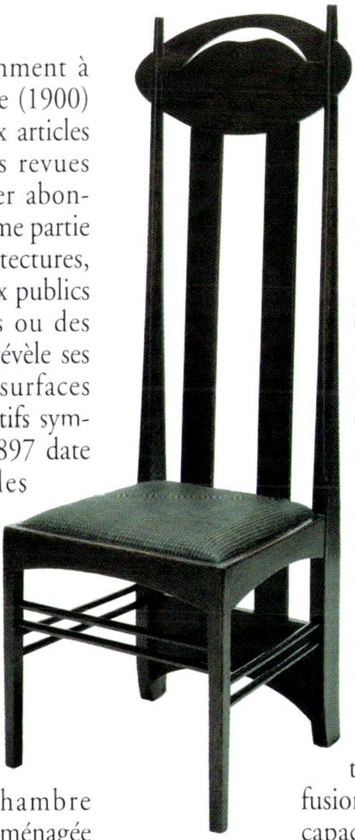

Charles Rennie Mackintosh, *Chaise pour l'Argyle st. Tea Room*, 1897. Chêne, crin, 136,5 × 50 × 56.

internationales, notamment à Munich (1899), Vienne (1900) et Turin (1902), et aux articles que lui consacrent les revues artistiques. Le mobilier abondant qu'il dessine, comme partie intégrante de ses architectures, aussi bien dans des lieux publics que des appartements ou des maisons d'habitation, révèle ses préférences pour les surfaces planes, décorées de motifs symboliques stylisés. De 1897 date l'un de ses modèles de sièges les mieux connus, créé pour le salon de thé d'Argyle Street et aisément reconnaissable à son haut dossier sommé d'un ovale ajouré. Harmonie en blanc et argent ponctuée de mauve et noir, la chambre blanche de Hous'hill, aménagée en 1904, marque l'évolution de son style, tendant à substituer des constructions abstraites aux formes organiques qu'il aimait tant ; ce mobilier laqué en blanc est peut-être l'expression la plus parfaite de cette quête de luminosité et de clarté géométrique dans l'œuvre de l'architecte de Glasgow. MB

64 **Guimard (Hector)**

C'est la construction et l'aménagement du castel Béranger (1894-1898), vaste immeuble de rapport situé 14-16 rue La Fontaine à Paris, qui apportent à Guimard (1867-1942) la notoriété. Le gros œuvre apparaît comme l'une des applications les plus rigoureuses des principes préconisés par le chef de file de l'école architecturale rationaliste, Viollet*-le-Duc, tandis que le décor extérieur et surtout intérieur, fondé sur la valeur expressive de la ligne courbe, relève de l'univers plastique de l'Art* Nouveau. Les réalisations ultérieures pour lesquelles contenant et contenu, façades et distributions intérieures furent simultanément conçus – la maison Coilliot à Lille (1898), La Bluette à Hermanville (1899), le castel Henriette à Sèvres (1899, démoli en 1969), le castel d'Orgeval à Villemoisson-sur-Orge (1904) et l'hôtel Nozal à Paris (1902-1906) – apparaissent comme des exercices d'une époustouflante virtuosité faisant intimement fusionner structure et décor. La capacité de l'architecte à satisfaire d'une manière logique et pratique les besoins d'une fonction nouvelle à travers des formes inédites et dynamiques s'épanouit dans la conception, en 1900, des entrées du métropolitain. PT

Hector Guimard, *Banquette de fumoir*, 1897. Jarrah, métal ciselé, 260 × 262 × 66.

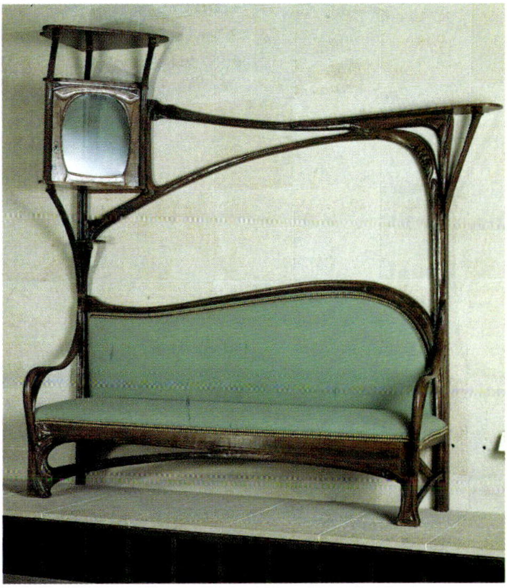

HISTOIRE AU MUSÉE D'ORSAY
L'art en perspective

L'Histoire est présente, au musée d'Orsay, sous de multiples formes. N'est-elle pas – pour aller au plus simple – déjà inscrite sur certaines toiles, telles *La République* de Daumier*, *Une rue sous la Commune* de Luce, ou encore dans le bronze *L'Alsace et la Lorraine* de Dubois (1905) ? N'est-elle pas également, pour qui sait la voir, dans cet univers moderne, urbain, neuf, éphémère, intime et souvent heureux que nous ont livrés les impressionnistes* et les Nabis* ? Mais au-delà, et de manière plus évidente, ou plus concertée, elle se trouve encore dans les expositions dossiers, à sujet thématique (« Les Français peints par eux-mêmes », « Le Creusot », « La famille Halévy »...), ainsi que dans les programmes de colloques, débats, cours et conférences qui « entourent » le musée de manière à lui donner sa pleine dimension culturelle.

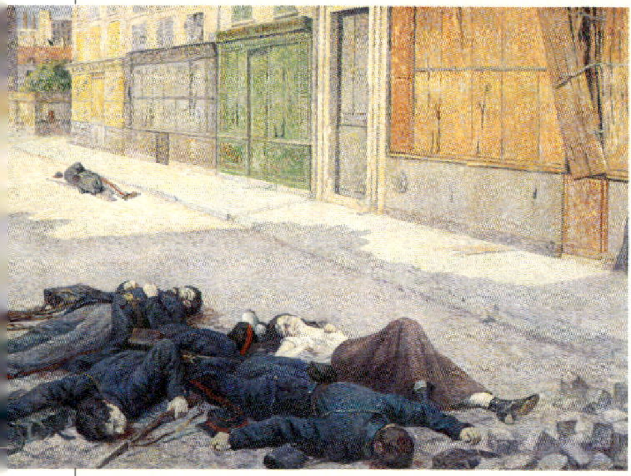

Encore plus directement, elle figure en permanence comme « ouverture » du musée, dans une vaste vitrine circulaire racontant la période 1848-1914, et le sera davantage bientôt par la mise à disposition du public de CD-Rom et autres présentations audiovisuelles (la série de films « d'ouverture sur l'Histoire ») à contenu historique. L'histoire est là, comme lieu de référence, mais aussi pour conduire à la réflexion qui s'impose sur les conditions matérielles de la production artistique, sur le statut de l'artiste dans la société et sur celui de l'œuvre elle-même. Informer, suggérer sans édicter, faire comprendre à qui veut comprendre, montrer à qui veut voir en permettant parfois de mieux voir, ou de le faire autrement : telles sont les règles qui président à la place de l'Histoire au musée d'Orsay. CG

Maximilien Luce, *Une rue sous la Commune*, 1903-1905. H/t 150 × 225.

Historique des collections

Les collections du musée d'Orsay appartiennent à l'État qui – comme toutes collections nationales – les a acquises par achat, dons, legs ou dations. Elles ont cependant une histoire spécifique liée à celle de ce musée qui, quoiqu'inauguré en 1986, a plusieurs ancêtres, dont le plus ancien est le musée du Luxembourg. Fondé en 1818 par Louis XVIII, installé dans la prestigieuse Galerie puis dans l'Orangerie du Luxembourg, ce musée était réservé aux artistes vivants, dont il exposait les œuvres achetées par l'État (essentiellement au Salon*). À la mort de leur auteur, celles-ci étaient ensuite soit intégrées au musée du Louvre, soit envoyées en province (dans les musées ou édifices publics), soit mises en réserve, ceci pour permettre à l'art contemporain d'évoluer. « Antichambre du Louvre » ou « lieu de passage », le « Luxembourg » fut transféré au musée d'Art moderne du palais de Tokyo en 1938, tandis que la réorganisation du Louvre en 1947 donnait lieu à l'installation d'une collection impressionniste* au Jeu de Paume. Le

musée d'Orsay regroupe donc les œuvres des artistes nés entre 1820 et 1870, conservées jusqu'alors au Louvre (Daumier*, Delacroix*, Courbet*...), au Jeu de Paume ou encore celles, plus récentes, non transférées (en raison de leur date) du musée national d'Art moderne au Centre Georges-Pompidou.
À ce noyau fort se sont ajoutées des œuvres venues de province, où elles avaient trouvé refuge après leur départ du Luxembourg, ainsi que celles achetées dès 1978 pour équilibrer les collections, renforcer certaines sections (objets d'art), voire les créer (photographie*, architecture*). CG

Images multiples

Au XIXe siècle, l'image est partout, et de plus en plus. Dès le début des années 1830, l'illustration – autrement dit l'image associée au texte – connaît un vif essor, favorisé tant par le projet de synthèse des arts cher aux romantiques* que par le développement de techniques récentes, telles la lithographie ou la gravure sur bois.
Le public réclame des « vignettes » et les enfants des reproductions : « What is the meaning of a book without pictures? » se demande l'Alice de Lewis Caroll! La presse* illustrée apporte quotidiennement son lot d'illustrations jusque dans les villages, les images projetées par la lanterne magique font rêver, tout comme les livres de voyage, la presse de vulgarisation scientifique, la photographie* naissante ou encore et peut-être davantage l'affiche, de plus en plus grande, de plus en plus colorée. Cette efflorescence de l'image, portée par un siècle sensualiste (« voir, c'est savoir »), positiviste, soucieux de découvrir l'univers, de l'inventorier et de le classer, désireux encore de démocratiser l'instruction, favorisée par les progrès techniques, devait pourtant donner lieu à débats et polémiques. Tandis que Baudelaire se révélait hostile à la photographie (ne devait-elle pas tuer la peinture ?), se créait en 1862 la Société des Aquafortistes, qui marquait le renouveau de la gravure originale en France.
Alors que se développait, à la suite du *Manifeste du néo-traditionnisme* de Maurice Denis (voir Nabis) toute une réflexion autour du « livre de peintre », la bibliophilie connaissait un regain de succès... Mais l'image ne devait cesser d'envahir livres, journaux, vitrines et murailles, et surtout l'imaginaire d'un siècle. CG

Rue Saint-Jacques, Paris V^e, début du XXe siècle. Photographie d'Eugène Atget.

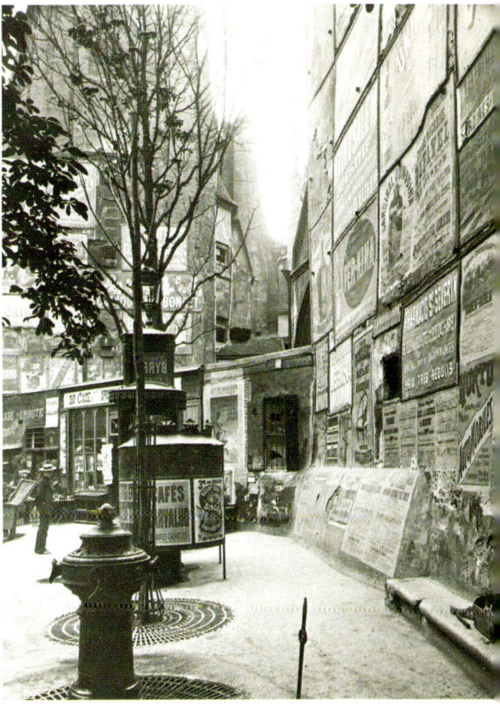

IMPRESSIONNISME
Sujets modernes, tons clairs, touche fragmentée

« Mettez *Impression* » aurait dit Monet* pour mentionner le titre d'un tableau (*Impression, soleil levant*, Paris, musée Marmottan, 1872) au catalogue de l'exposition de 1874 : le nom fut repris par le critique du *Charivari* Louis Leroy et les artistes furent appelés « impressionnistes ». Mais si le mot « impressionnisme » est né officiellement en 1874, lors de la première exposition, cette nouvelle manière de peindre avait été élaborée dès la fin des années 1860, alors que la technique caractéristique de la fragmentation de la touche était mise au point par Monet, Renoir*, Bazille* et Sisley*.

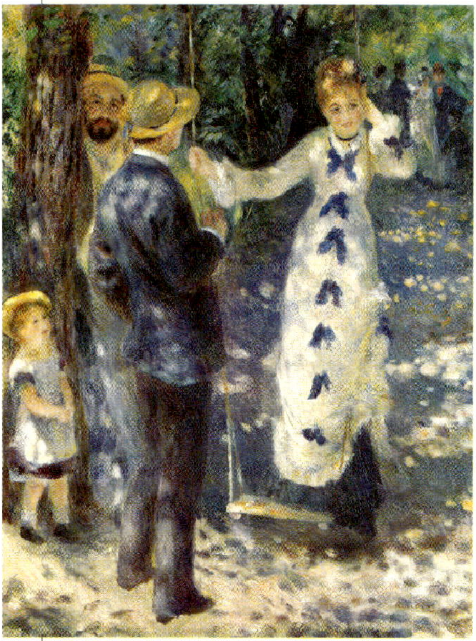

En 1894 mourait Caillebotte*, et le legs de sa collection à l'État, accepté seulement en partie et après une violente polémique, fit entrer la peinture impressionniste du vivant de la plupart des artistes au musée du Luxembourg : en 1897 y étaient présentées les quarante œuvres retenues (aujourd'hui exposées au musée d'Orsay) de ses amis Monet (*Régates à Argenteuil*, v. 1872; *La Gare Saint-Lazare*, 1877, ill. p. 12), Renoir (*Le Bal du moulin de la Galette*, 1876; *La Balançoire*, 1876 ; *La Liseuse, 1874*), Sisley (*Les Régates à Molesey*, 1874), Pissarro* (*Les Toits rouges*, vers 1878-1879), Cézanne* (*L'Estaque*, vers 1878-1879), sans oublier Manet* (*Le Balcon*), Degas* et Millet*. Parmi les donations prestigieuses qui s'ensuivirent, citons celle d'Étienne Moreau-Nélaton* (en 1906-1907), les legs du comte Isaac de Camondo (1911) et d'Antonin Personnaz (1937), les dons de Paul et Marguerite Gachet (de 1949 à 1954), la donation Max et Rosy Kaganovitch (en 1973)... SP

Pierre-Auguste Renoir, *La Balançoire*, 1876. H/t 92 × 73.

Jean-Auguste Dominique Ingres, *La Source*, 1856. H/t 163 × 80.

1 Ingres et ingrisme

Ingres (1780-1867) est avec Delacroix*, dans les années 1850, le peintre français vivant le plus célèbre de son temps; les deux artistes connaissent une consécration officielle et publique lors de l'Exposition universelle de 1855.

L'influence d'Ingres est très directement liée à son enseignement. Il a en effet transmis à ses nombreux élèves et disciples sa conception profondément classique du beau idéal et d'une nature recomposée par l'artiste, fondée sur la suprématie du dessin sur la couleur.

La Source est un parfait exemple de l'application de ces principes esthétiques. Le tableau, un des nus* les plus célèbres de l'époque, fut achevé en 1856, puis présenté dans l'atelier d'Ingres et enfin dans une pièce à part dans la collection du comte Duchâtel. Ce triomphe de la ligne associé à un goût

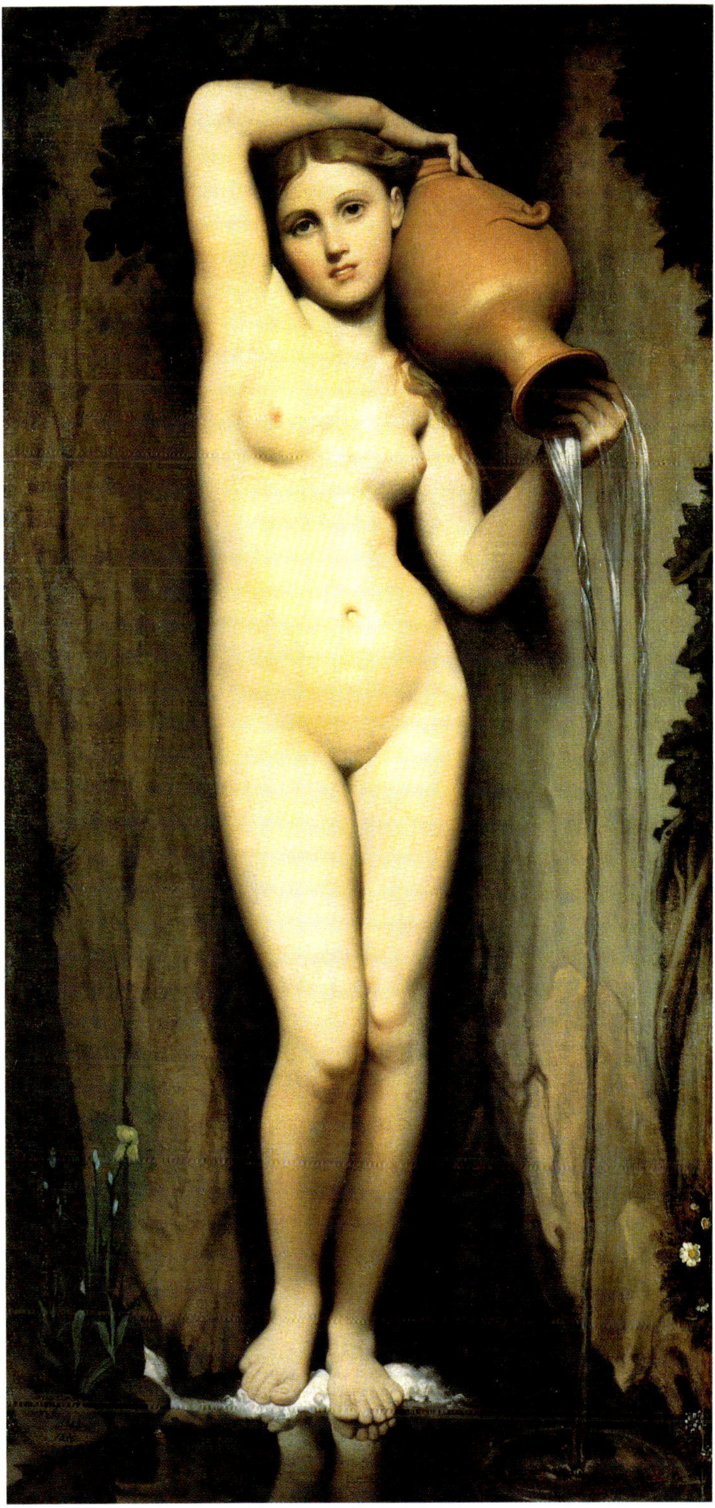

pour une technique parfaite se retrouve chez des artistes comme Hippolyte Flandrin, Amaury-Duval, Léon Bénouville et Jean-Léon Gérôme*. L'influence ingresque s'affirme notamment dans la peinture religieuse, au risque de verser parfois dans un académisme asséché qui aurait oublié la leçon poétique et sensuelle de son inspirateur. LDC

JAPONISME : UNE LEÇON DE SIMPLICITÉ

1853 marque la réouverture du Japon, fermé à l'Occident depuis 1639. Bientôt affluent peintures et estampes, grès et porcelaines, bronzes et émaux, tissus et objets divers. La participation du Japon aux Expositions universelles, à partir de 1867, les collectes effectuées par les voyageurs et les collectionneurs révèlent aux milieux artistiques la diversité de l'esthétique japonaise. Elle s'impose par phases successives : introduction de motifs japonais dans le répertoire de l'éclectisme*, copie des techniques japonaises, et enfin analyse des principes de l'art japonais et application aux conceptions occidentales. Les créateurs se montrent sensibles à « l'amour vrai et réfléchi des japonais pour la nature » (Viollet-le-Duc*), que l'on retrouve aussi bien chez Félix Bracquemond que chez Gallé*. En outre, les notions d'« Art pour tous », et d'« Art dans tout », propres à l'Art* Nouveau, sont en œuvre depuis toujours au Japon, où n'existe pas de distinction entre arts « majeurs » et « mineurs ».
On retient du japonisme aussi bien l'invention décorative que la sobriété, qui caractérise l'architecture et les intérieurs avant-gardistes de la fin du siècle. Géométrie, asymétrie, respect des matériaux inspirent certaines des créations de l'Aesthetic movement, de l'Art Nouveau, de la Sécession viennoise*.
Agissant comme un catalyseur, le japonisme confirme chacun dans ses choix : Whistler* y puise simplicité et subtilité des couleurs; l'impressionnisme* admire l'audace des mises en page et la franchise des couleurs. Les Nabis* s'attachent au dessin concis, aux couleurs en aplats et sans ombre. CM

Manufacture de Creil et Montereau d'après Félix Bracquemont, François-Eugène Rousseau éditeur, *Plat à poisson*, 1866, édité jusqu'en 1938. Faïence fine, décor imprimé et peint sous couverte, 69,4 × 27.

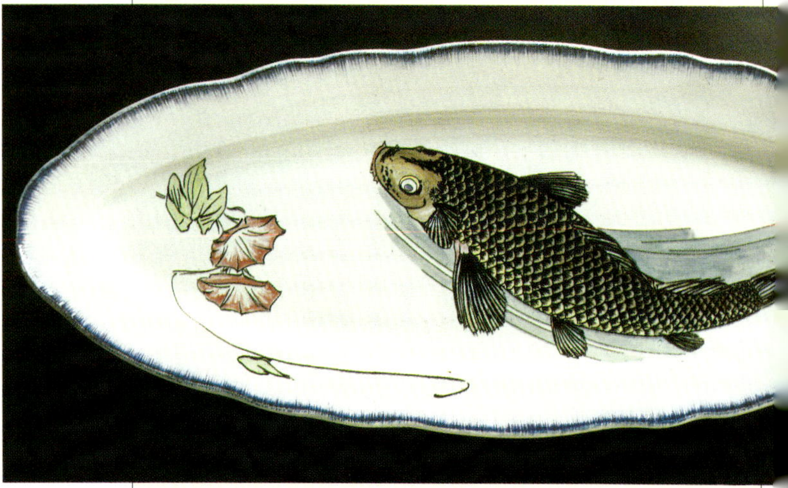

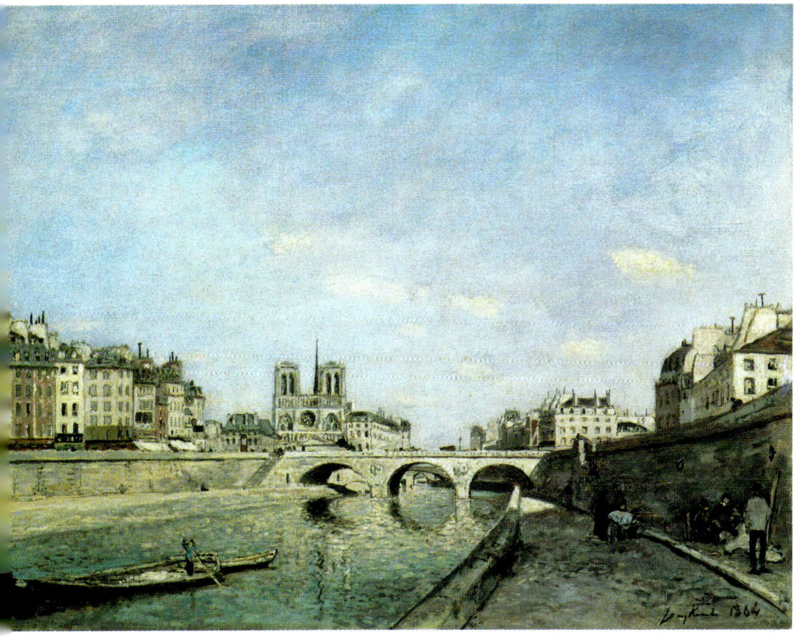

Johan-Barthold Jongkind, *La Seine et Notre-Dame de Paris*, 1864. H/t 42 × 56.

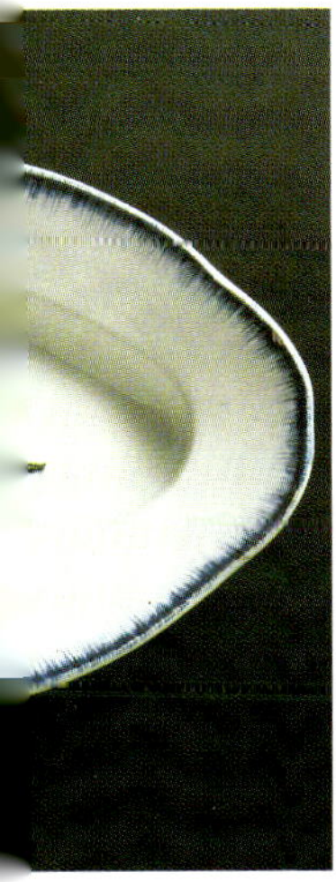

16 **Jongkind (Johan-Barthold)**
Néerlandais, Jongkind (1819-1891) travailla à Paris dans l'atelier d'Isabey et, comme Lépine et Lebourg, exécuta des vues de la capitale, notamment des quais. Ses toiles s'inscrivent dans la lignée des paysages hollandais du XVIIe siècle et de Corot*. À la Hollande, il préféra toutefois dans les années 1860 Paris et la côte normande. Particulièrement doué pour le dessin, il aimait aussi s'adonner à la peinture en plein air. « Chez lui tout gît dans l'impression » écrivait le critique Castagnary, tandis qu'Edmond About avait souligné son talent de « coloriste très fin ».
Sous l'influence de l'aquarelle qu'il pratiquait avec passion pendant ses voyages, sa technique gagna encore en fluidité et en délicatesse. Par la spontanéité de sa vision face à la nature, Jongkind compte au nombre des précurseurs de l'impressionnisme*, bien qu'il n'ait participé à aucune des expositions du mouvement. Monet*, qu'il rencontrait à Honfleur et Trouville avec Boudin*, reconnaissait lui devoir « l'éducation définitive de son œil ». SP

« Admirable, l'exposition japonaise. Hiroshige est un impressionniste merveilleux. Moi, Monet et Rodin en sommes enthousiasmés. Je suis content d'avoir fait mes effets de neige et d'inondations, ces artistes japonais me confirment dans notre parti pris visuel. »

Pissarro, 1893.

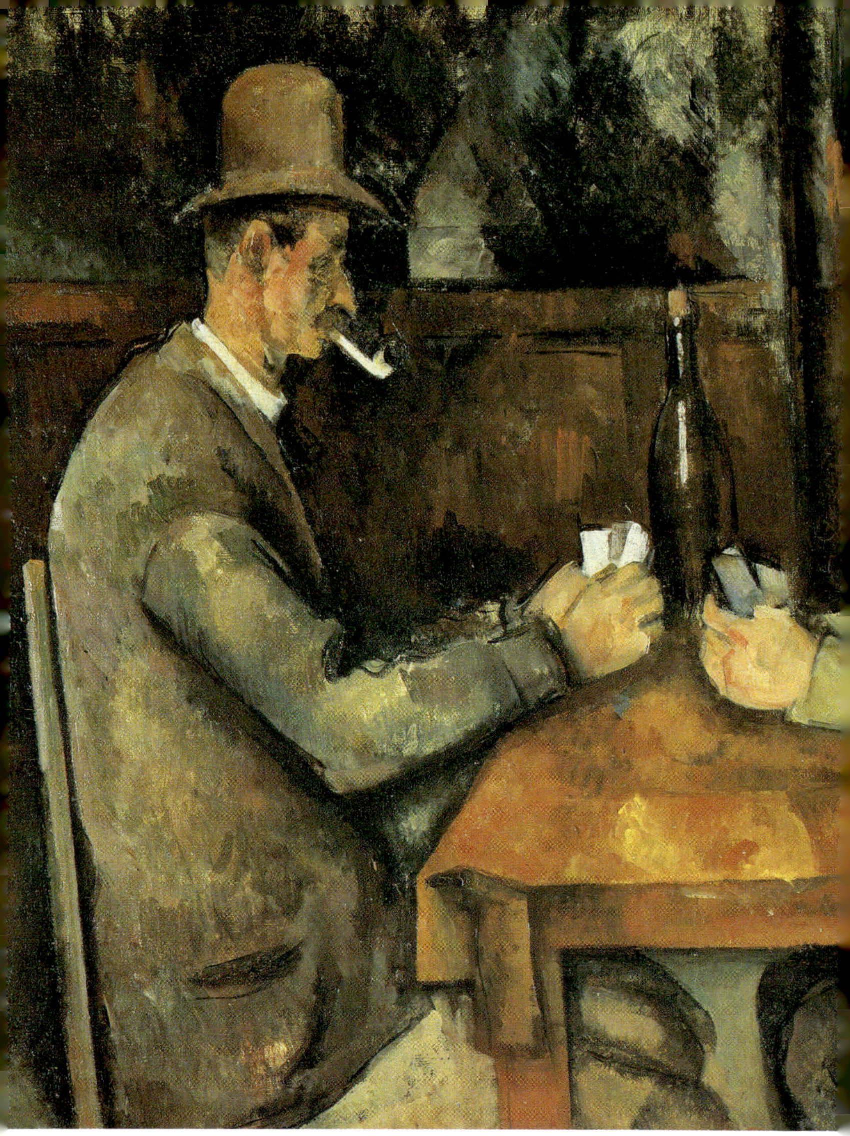

Cézanne* avait certainement vu au musée d'Aix-en-Provence, sa ville natale, *Les Joueurs de cartes* de l'atelier des frères Le Nain. Dans les années 1890, l'artiste traita à plusieurs reprises ce thème d'inspiration caravagesque, mais il transposa le sujet grâce à sa vision personnelle : tout devint pour lui prétexte à une savante étude de lignes et de volumes. La bouteille, sur laquelle joue la lumière, constitue l'axe central de la composition et sépare l'espace en deux zones géométriques, ce qui accentue l'opposition des joueurs qui s'affrontent ; leur concentration est intense et la tension paraît extrême. Ces derniers seraient des paysans que le peintre observait dans la propriété paternelle du Jas de Bouffan, aux environs d'Aix.

Outre de nombreuses études préparatoires, Cézanne consacra à ce thème cinq toiles qui diffèrent par le format, le nombre de personnages et l'importance accordée au décor environnant. Un premier ensemble est formé par les deux plus grandes toiles, l'une

36 JOUEURS DE CARTE

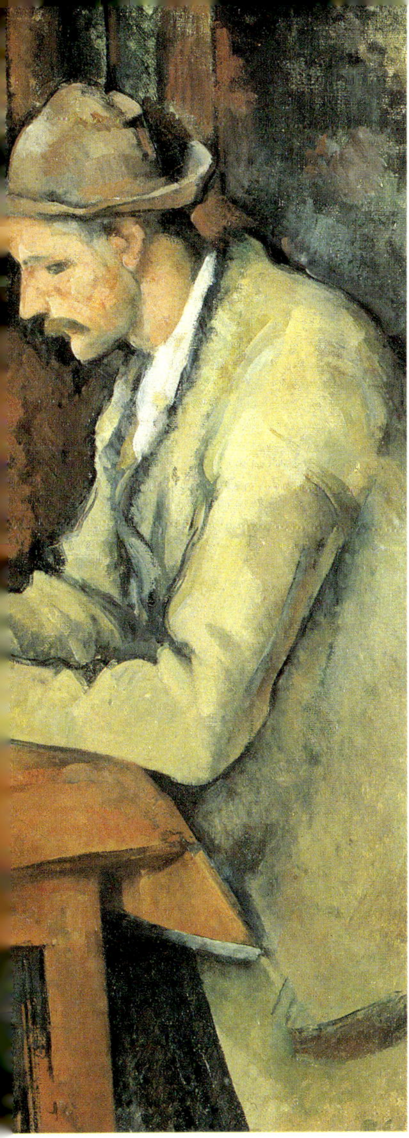

Paul Cézanne,
Les Joueurs de cartes,
v. 1890-1895. H/t 47 × 57.

(Merion, Fondation Barnes) réunissant cinq personnages, tandis que l'autre (New York, Metropolitan Museum of Art) en comprend quatre. Un second groupe est constitué par trois tableaux très dépouillés (Paris, collection particulière; Londres, Institut Courtauld; musée d'Orsay) qui montrent seulement deux joueurs.

Plusieurs hypothèses ont été émises quant à l'ordre de leur exécution : les trois versions réduites, dont celle-ci (la plus petite des trois), ont apparemment fait l'objet d'une construction longuement réfléchie qui pourrait inciter à conclure qu'elles sont postérieures aux deux autres compositions, plus chargées mais moins élaborées. Fidèle à son tempérament, Cézanne aurait progressé vers la simplification, effaçant complètement les accessoires anecdotiques de la « scène de genre » et abandonnant la perspective traditionnelle.

Le caractère récurrent de ce thème dans l'art cézannien des dernières années a donné lieu à une interprétation symbolique : l'affrontement entre les deux joueurs ne représenterait-il pas la lutte que l'artiste eut à mener contre son père pour faire reconnaître sa peinture figurée par la « carte à jouer », selon le terme que Cézanne avait lui-même employé dans une lettre de 1876 pour désigner deux de ses toiles ? SP

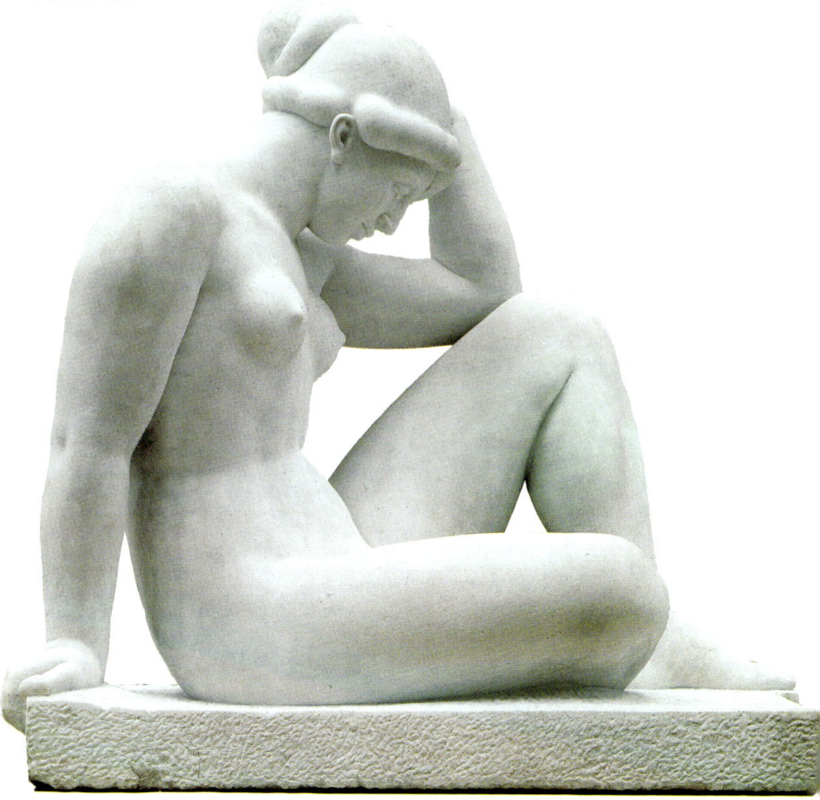

Aristide Maillol, *Méditerranée*, 1905-1923. Marbre, 110 × 117 × 68.

Maillol et son temps

[*terrasse Lille*]

Au tournant du siècle, une réaction à l'art tourmenté de Rodin*, appelée « retour au style », se produit.

Bartholomé recherche la simplification des formes (*Monument aux morts du Père-Lachaise*, 1889-1899 ; *Monument à Jean-Jacques Rousseau au Panthéon*, 1907-1912). Bourdelle, qui voyage en Grèce en 1908, rompt avec Rodin en puisant dans l'art archaïque et la sculpture romane : il construit en plans et en vides des corps tendus par l'effort (*Tête d'Apollon*, 1900-1909 ; *Héraklès archer*, 1909). Pompon, qui opte pour la sculpture animalière en 1905, s'inspire de l'art égyptien (*Canard debout*, 1911 ; *Hippopotame*, 1918). Il élimine l'accessoire et polit la surface jusqu'à l'épure (*Ours blanc*, 1922). Maillol se tourne vers la sculpture en 1895 mais ses premières figures monumentales datent de 1902 : il célèbre inlassablement la beauté du corps de la femme, ses formes pleines et harmonieuses et ses postures géométriques (*Méditerranée* ; *Monument à Cézanne*, 1912-1925).

Si Bartholomé est son propre praticien et Maillol taille d'abord le bois, comme Gauguin*, Joseph Bernard, lui, pratique la « taille directe », faisant l'économie du modèle en plâtre pour attaquer directement la pierre. Son *Effort vers la nature* (1906-1913) symbolise ce contact âpre avec la matière, tandis que la frise de *La Danse* (1911-1913), par son faible relief et ses rythmes décoratifs, introduit au style Art Déco. EH

31 Manet (Édouard)

Enfant de la bourgeoisie parisienne cultivée et austère, Manet (1832-1883) renonça à une carrière d'officier de marine pour se consacrer à la peinture, et choisit l'enseignement novateur de Couture*. Mais sa quête d'une peinture renouvelée – « Qui nous rendra le simple et le clair, qui nous délivrera du tarabiscotage ? » – passe avant tout par l'étude des maîtres. Il fréquentait donc assidûment le Louvre où il copiait Titien, Velasquez et Delacroix*, apprentissage qu'il compléta par des voyages en Italie et en Espagne, puis plus tard en Hollande.

Dès le début des années 1860 il paraît incarner le peintre de la vie moderne tel que Baudelaire, qui devint son ami, l'appelait de ses vœux. Mais l'affirmation de son talent et de sa place essentielle dans l'histoire de la peinture se fit dans le scandale et l'incompréhension de la présentation du *Déjeuner sur l'herbe* (voir Moreau-Nélaton*, ill. p. 71) au Salon des refusés de 1863, et celle de l'*Olympia**.

Quand *Le Fifre* [14], qui est avec *Le Balcon* (v. 1868-1869, ill. p. 58) un sommet de peinture pure, fut refusé au Salon* de 1866, Zola prit la défense de l'artiste dans une série d'articles parus dans *L'Événement.* Deux ans plus tard Manet reconnaissant fit le portrait de l'écrivain.

Bien que l'importance de Manet fût immédiatement reconnue par les jeunes artistes, il ne devint pas pour autant un chef d'école, ne rejoignant par exemple jamais officiellement le groupe des impressionnistes*. Abordant les genres et techniques les plus divers (scènes de plein air et de la vie parisienne, portraits*, natures mortes, pastels* et illustrations) il préféra exercer son éblouissant talent dans la plus complète liberté stylistique. LDC

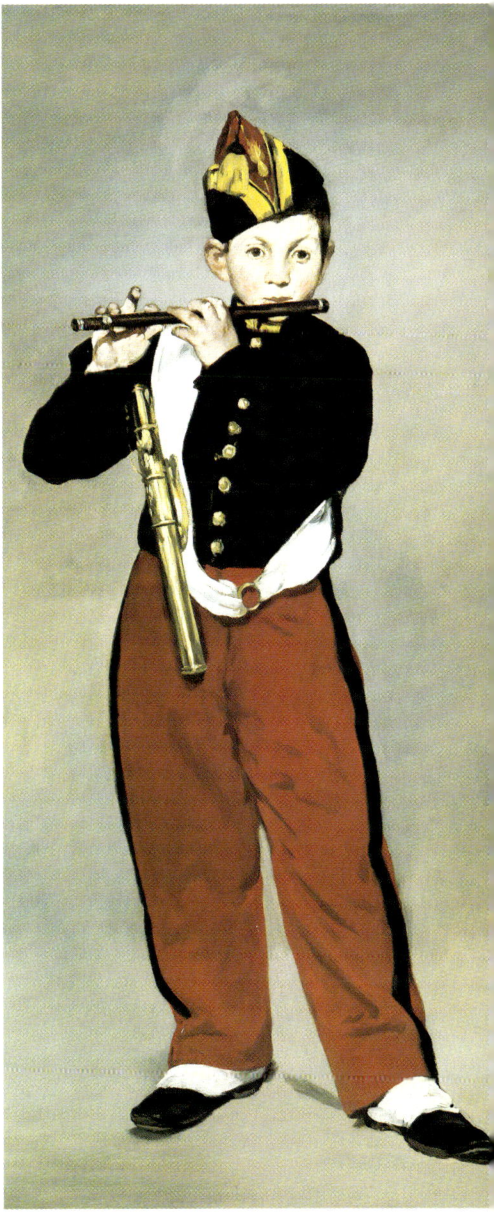

Édouard Manet, *Le Fifre*, 1866. H/t 161 × 97.

46 Matisse (Henri)

Voir Fauvisme

9 MÉDAILLIER

Le Second Empire est une période faste pour les arts de l'ameublement et de la décoration intérieure, dont Paris reste le centre incontesté. Ébénistes, menuisiers et bronziers rivalisent d'audace à chacune des Expositions industrielles, nationales ou universelles.

Mais une évolution se dessine nettement, depuis l'éclectisme* foisonnant et désordonné des années 1850 jusqu'aux créations d'un goût érudit plus sûr et d'une perfection rarement égalée, à la fin du Second Empire. L'Exposition universelle de 1867 marque à cet égard l'apogée de cette leçon de virtuosité ornementale donnée par les décorateurs et artisans parisiens.

C'est à cette occasion que l'ébéniste Diehl conçoit avec le dessinateur Brandely et le sculpteur Fremiet le grand médaillier figurant le triomphe de Mérovée. D'une conception totalement originale, dédaignant le répertoire habituel de la Renaissance ou du XVIIIe siècle, ce meuble monumental est un véritable manifeste du style archéologique, qui puise ici aux sources de l'histoire nationale. D'autres pièces de mobilier présentées en même temps par Diehl sont d'un goût néo-grec très prononcé.

Pareilles créations illustrent parfaitement la volonté d'appliquer les beaux-arts à l'industrie, en suscitant de multiples collaborations (voir Arts industriels). Les sculpteurs, tout particulièrement, mettent volontiers leur talent aux services des ébénistes et des orfèvres. Ce sont ces farouches animaux et soldats mérovingiens de Fremiet, ou les cariatides et médailles à l'antique de Guillemin qui donnent aux meubles nouveaux de Diehl toute leur signification. Seule l'entente de plusieurs artistes et praticiens, mus par un même enthousiasme, a pu faire naître des chefs-d'œuvre d'une invention aussi forte. MB

Charles Guillaume Diehl, avec la collaboration de Jean Brandely et d'Emmanuel Fremiet, *Médaillier*, v. 1867. Bois divers et bronze argenté patiné, 238 × 151 × 60.

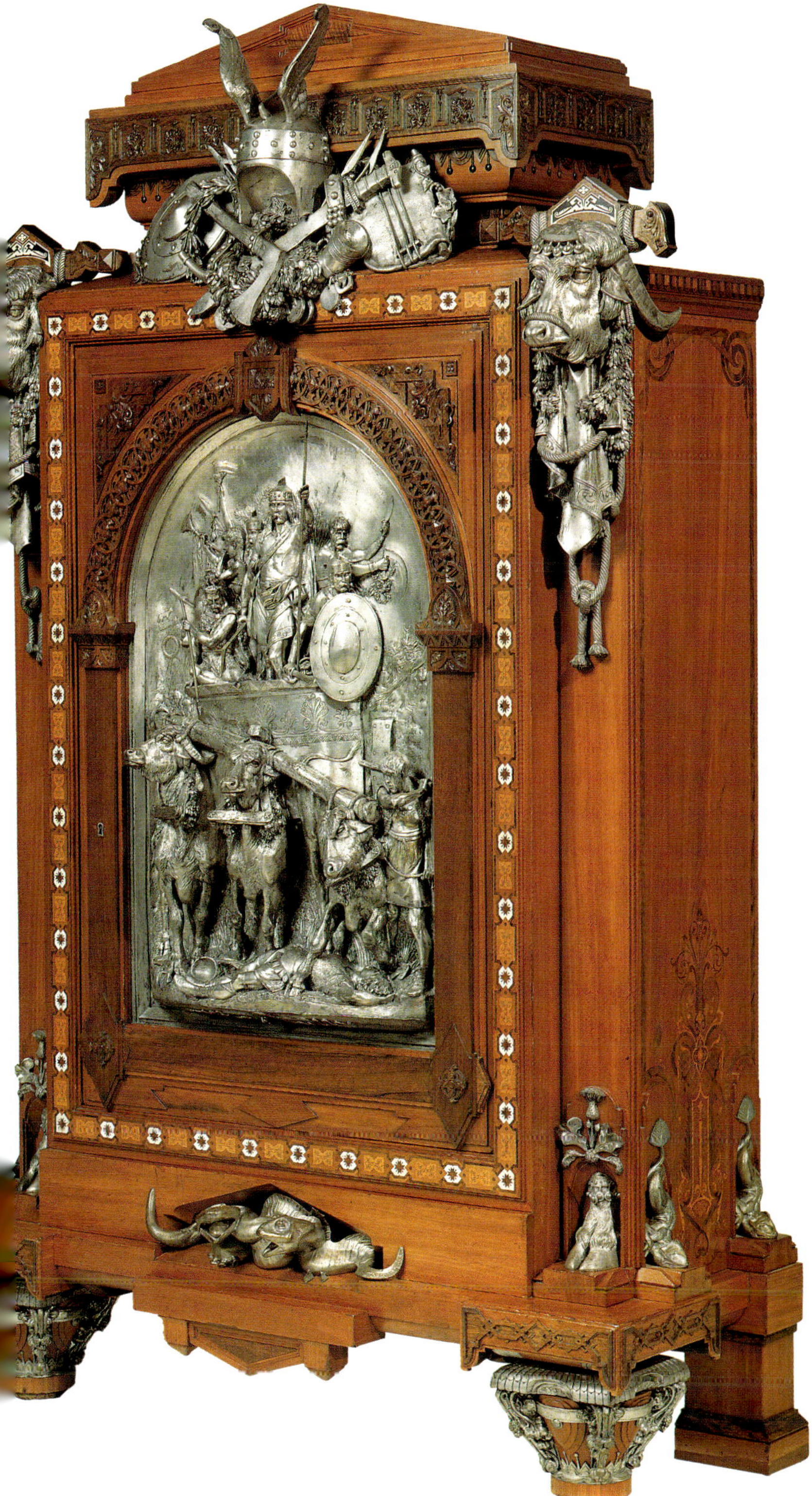

Claude Monet, *Femme à l'ombrelle tournée vers la droite*, 1886. H/t 131 × 88.

5 Meissonier (Ernest)

Voir Chauchard

6 Millet (Jean-François)

Dans les années 1850 et 1860, l'œuvre de Millet (1814-1875) repose essentiellement sur une vision puissante de l'homme au travail, en contact étroit avec la nature. Les figures se font de plus en plus monumentales et hiératiques, donnant une dimension d'éternité aux activités les plus quotidiennes (*L'Angélus*, 1858-1859, ill. p. 39 ; *Les Glaneuses*, 1857 ; *La Grande bergère*, Salon de 1864).
Ainsi, l'accueil plus polémique des débuts de sa carrière, où Millet était parfois comparé à Courbet* dans sa recherche d'un nouveau langage naturaliste*, s'estompe progressivement, laissant place à l'immense popularité de ses œuvres, largement reproduites et diffusées, et désormais très recherchées des amateurs. La force des archétypes créés par Millet, mais aussi le regard déjà nostalgique de ses contemporains sur un monde révolu expliquent cette consécration publique. Avec le rachat spectaculaire aux États-Unis de *L'Angélus* par Chauchard*, l'œuvre de Millet est désormais perçue comme relevant du patrimoine national. Il faut enfin rappeler l'influence considérable de son œuvre sur les artistes de la fin du siècle, de Pissarro* à Seurat*, sans oublier bien sûr Van Gogh* qui ne cessera de méditer si intensément la leçon du « père Millet » (voir Sieste). LDC

34 Monet (Claude)

Les collections du musée d'Orsay sont très riches en peintures de Claude Monet (1840-1926), et tous les aspects de son œuvre y apparaissent, depuis ses débuts en forêt de Fontainebleau (dont témoignent les fragments de son

Jean-François Millet, *Le Printemps*, 1868-1873. H/t 86 × 111.

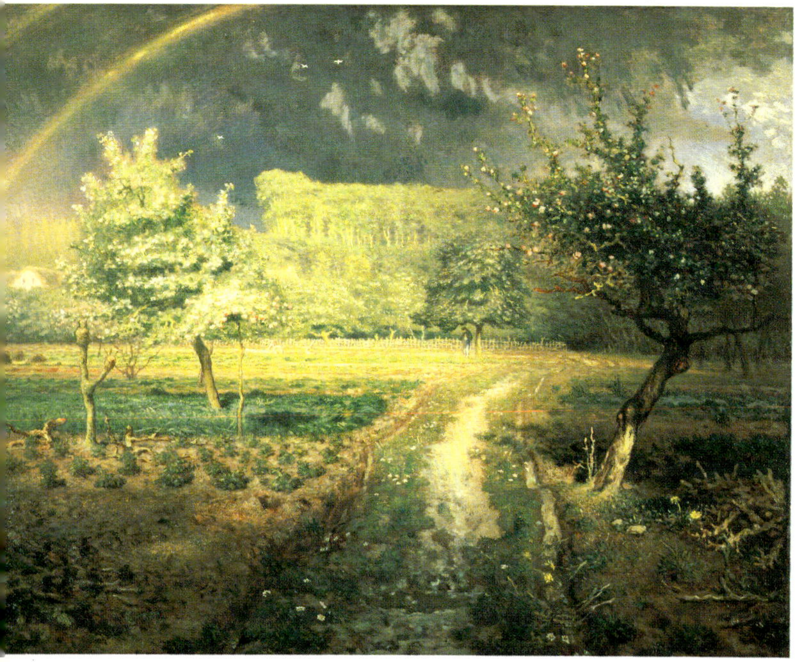

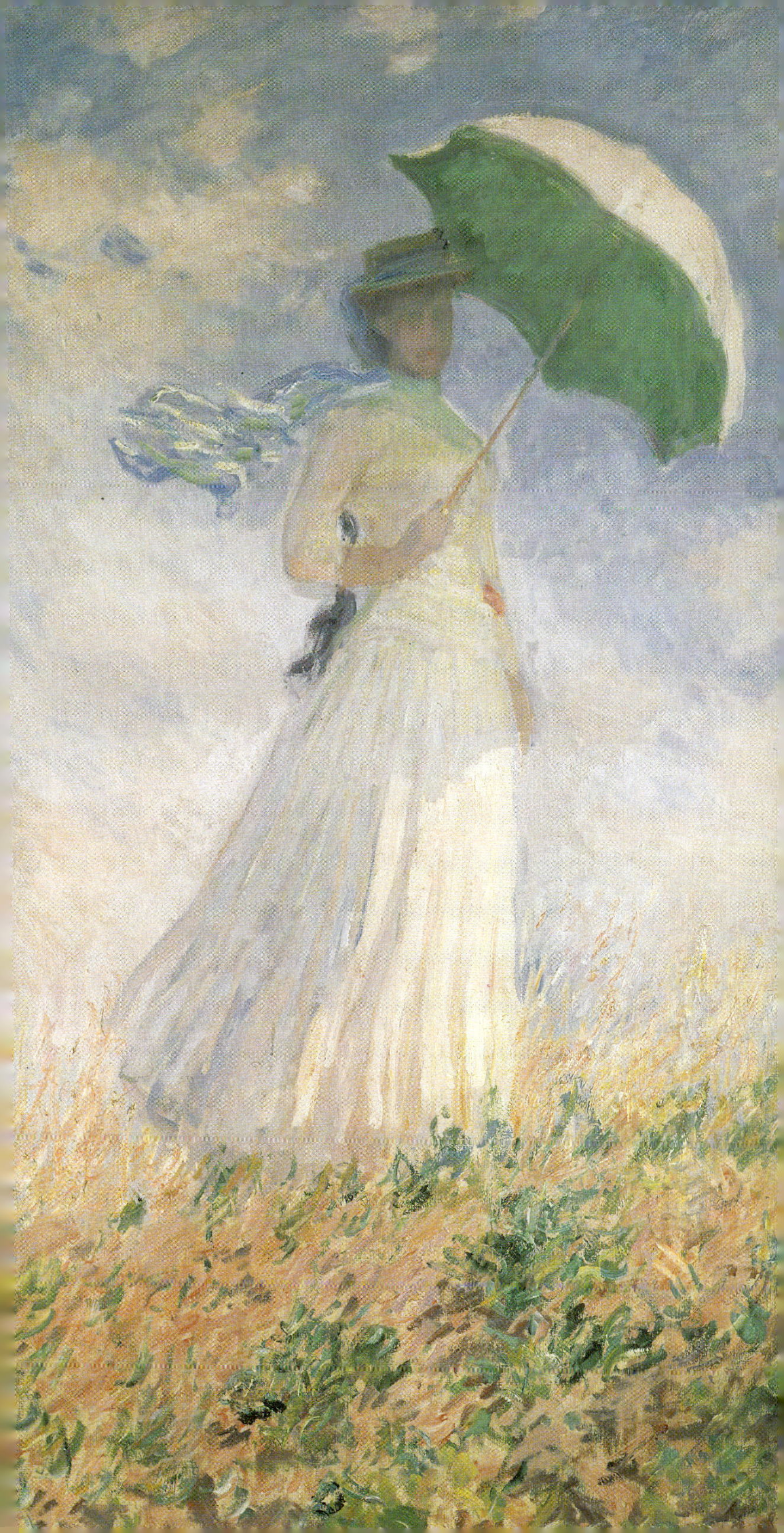

grand *Déjeuner sur l'herbe*, 1865) jusqu'à l'étape ultime (*Nymphéas bleus*, vers 1916-1919). Sa toile des *Femmes au jardin* (1866-1867), acquise par Bazille*, évoque le travail en plein air [18]. À la suite de Courbet*, le peintre est séduit par des « effets de neige » (*La Pie*, 1869).

Au cours des années soixante, Monet peignit souvent sur la côte normande, à Étretat, et avec Boudin* et Jongkind* à Trouville (*L'Hôtel des Roches Noires*, 1870). Il s'établit en bord de Seine, d'abord à Argenteuil (1871) où le retrouvaient Renoir* et Sisley* : voiliers, régates et jardins étaient ses thèmes favoris. Son tableau *Impression, soleil levant* (Paris, musée Marmottan, 1872) figura à la première exposition impressionniste*.

Paris lui offrit des sujets modernes déjà loués par Zola (*La Gare Saint-Lazare*, 1877, ill. p. 12). La tristesse de la période de Vétheuil est représentée par la *Débâcle* de l'hiver 1879-1880.

En 1883, Monet s'installait définitivement à Giverny où il peignait des « figures [...] faites comme des paysages » (*Femme à l'ombrelle...*, 1886) et aménageait le célèbre bassin aux nymphéas. L'exécution d'œuvres en « séries », devenue systématique à Rouen en 1892-1893, est illustrée avec force par la confrontation exceptionnelle de cinq des trente versions des *Cathédrales*. SP

12 Moreau (Gustave)

Peu sensible à l'enseignement néo-davidien de François Picot, son maître à l'École des beaux-arts de 1846 à 1849, Moreau (1826-1898) fut influencé dans sa jeunesse par l'œuvre de Delacroix* et de Chassériau*, qu'il fréquenta de 1850 à 1856. En Italie (1857-1859), il découvrit et copia les primitifs et les artistes de la Renaissance italienne, dont l'étude resurgira dans son œuvre jusqu'à la fin de sa carrière. Au milieu des années 1860, à Paris, Moreau exposa au Salon* notamment *Jason et Médée* en 1865 et *Orphée* en 1866 (une jeune fille recueille pieusement la tête d'Orphée et sa lyre portées par les eaux de l'Èbre aux rivages de la Thrace). Il mena par la suite une carrière indépendante des cercles officiels, peignant pour un cercle d'amateurs; c'est pour le comte Henri Delaborde qu'il exécuta en 1891 une version d'une aquarelle de 1860, *Hésiode et la muse*. Le sens de

Gustave Moreau, *Orphée*, 1866. H/b 154 × 99,5.

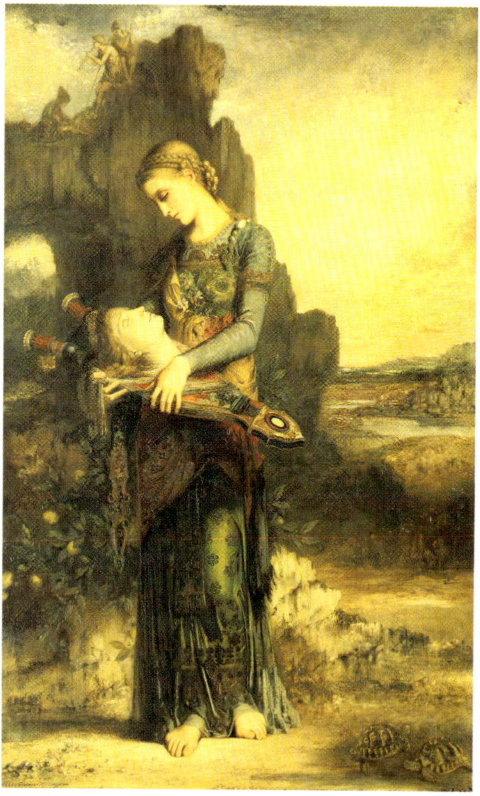

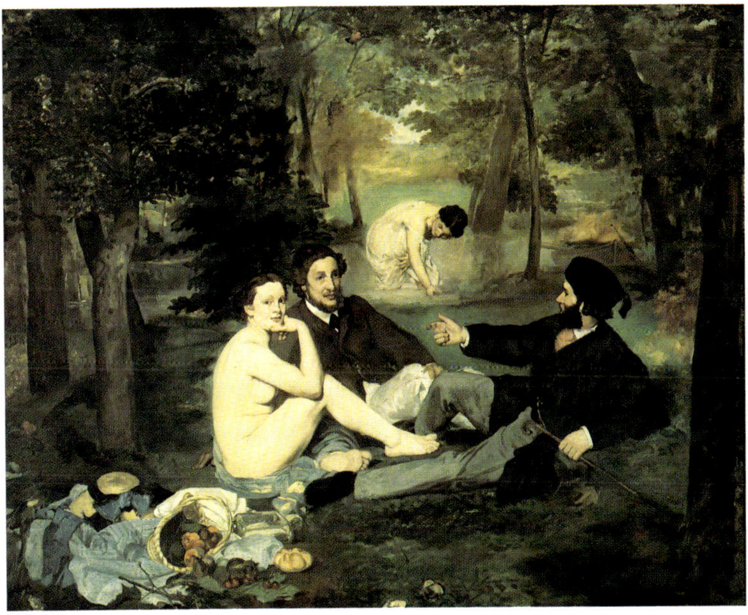

Édouard Manet, *Le Déjeuner sur l'herbe*, 1863. H/t 208 × 264.

son œuvre se décrypte difficilement, opacifié davantage qu'expliqué par son syncrétisme philosophique et religieux, les citations littéraires, les références à l'histoire biblique et aux mythes antiques.
Il légua à l'État son atelier, aujourd'hui musée Gustave Moreau, au 14 rue de la Rochefoucault. MPS

29 Moreau-Nélaton (collection)

Étienne Moreau-Nélaton (1859-1927) se distingue des autres grands collectionneurs de la période par sa personnalité exceptionnelle.
Peintre – il se forme auprès d'Harpignies puis de Maignan – graveur, céramiste mais aussi historien, ce normalien issu de la bourgeoisie aisée a laissé des ouvrages de référence sur Corot*, Manet*, Delacroix*, Jongkind*, Daubigny et Bonvin. L'originalité de sa collection réside précisément dans cet échange constant entre le savoir de l'érudit et la passion de l'amateur. Tout en complétant un ensemble hérité de son grand-père, il réunit des œuvres impressionnistes* autour du *Déjeuner sur l'herbe* de Manet, acheté en 1900 chez Durand-Ruel. Ses achats reflètent sa vision de l'art français, qui défend l'idée d'une continuité esthétique de Corot aux impressionnistes. Ses donations successives (1906, 1907 et 1919), complétées par un important legs au cabinet des Dessins en 1927, marquent un tournant de l'histoire du goût. Des œuvres aussi contestées en leur temps que les *Coquelicots* (1873) et *Le Pont de chemin de fer à Argenteuil* de Claude Monet* (v. 1873-1874), *La Chasse aux papillons* de Berthe Morisot* (1874) ou le *Rêve* de Pierre Puvis* de Chavannes (1883) seront désormais acceptées comme des classiques de la modernité. LDC

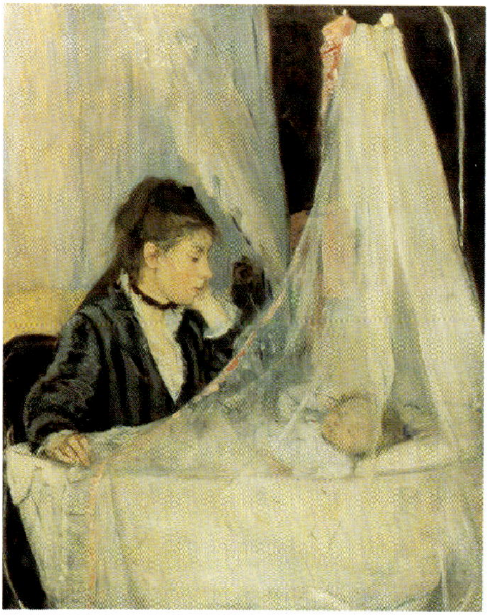

Berthe Morisot, *Le Berceau*, 1872. H/t 56 × 46.

30 Morisot (Berthe)

La jeune Berthe Morisot (1841-1895) bénéficia des conseils de Corot*, puis de Manet* pour qui elle posa à plusieurs reprises, notamment dans *Le Balcon*. À l'encontre de Manet, dont elle épousa le frère en 1874, elle se détourna du Salon*, où elle avait été régulièrement acceptée, pour exposer avec les impressionnistes*.

Sa personnalité était appréciée par le groupe. Outre quelques marines et des paysages, elle aimait surtout exécuter avec sensibilité des portraits* intimistes de sa famille, en plein air dans des jardins (*La Chasse aux papillons*, 1874) ou dans de charmantes scènes d'intérieur (telle *Le Berceau*, qui figura à l'exposition impressionniste de 1874). Sa fille Julie devint son modèle de prédilection. Elle disparut prématurément. « La singularité de Berthe Morisot fut de vivre sa peinture et de peindre sa vie. », résuma avec justesse Paul Valéry en soulignant le caractère naturel de son art. SP

Morris (William)

Voir Aesthetic movement

Musique et musiciens

Très nombreux sont les artistes de l'époque impressionniste* et symboliste* qui aimèrent passionnément la musique. L'Opéra* de Paris représente essentiellement Giacomo Meyerbeer et Fromental Halévy, et de nombreux ballets, sous l'œil attentif de Degas*, tandis que les créations marquantes sont accueillies au Théâtre Lyrique (Charles Gounod, Georges Bizet, Hector Berlioz) ou à l'Opéra-Comique (Jules Massenet, Gustave Charpentier, Claude Debussy). Richard Wagner capte l'attention : ses œuvres, peu représentées à Paris depuis la chute de *Tannhäuser* (1861) jusqu'à la fin du siècle, sont jouées dans les concerts symphoniques alors en pleine expansion.

Il séduit les poètes tels que Charles Baudelaire et Théophile Gautier, mais aussi des peintres comme Renoir*, Cézanne*, Bazille* et Gauguin*. La *Revue wagnérienne* (1885-1888) rassemble les tendances les plus novatrices du symbolisme* : Verlaine et Mallarmé y collaborent, comme Redon* et Fantin-Latour*.

L'œuvre phare de Beethoven tient également une part notable dans ce qu'on appellera la « religion de la musique ». Après 1870, la musique instrumentale est en faveur et la France connaît un âge d'or dans le domaine de l'orgue (César Franck), de la symphonie (Camille Saint-Saëns, Ernest Chausson) et de la musique de chambre (Gabriel Fauré, Claude Debussy), grâce à la Société nationale de musique. Le caractère à la fois expressif et non signifiant de la musique séduit et inspire tous les artistes soucieux de s'évader des codes académiques, dans le domaine poétique comme dans les arts visuels ; elle devient un véritable modèle pour nombre de créateurs. « L'œuvre d'art totale » voulue par Wagner hante les esprits. Régulièrement, le musée d'Orsay organise des concerts qui mettent en valeur le rôle pluriel de la musique au XIXe siècle. JMN

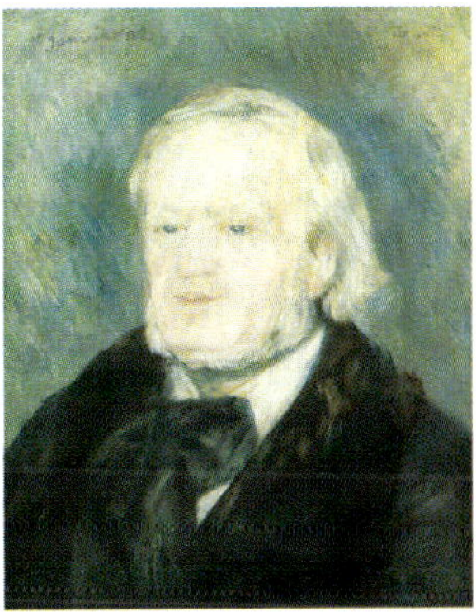

Auguste Renoir, *Richard Wagner*, 1882. H/t 53 × 46.

70 NABIS (LES)
« De la toile elle-même, surface plane enduite de couleurs, jaillit l'émotion. » (M. Denis)

Ainsi se nommèrent quelques jeunes artistes qui fréquentèrent l'académie Julian et l'atelier de Ranson ; formé en 1888, le groupe devait rapprocher entre autres Vallotton, Bonnard*, Ker Xavier Roussel, Maurice Denis, Maillol*, Lacombe, Vuillard, Verkade et Sérusier*. Ce dernier, héritier spirituel de Gauguin* dont il avait respectueusement recueilli la leçon en peignant *Le Talisman* (1888, ill. p. 103), eut un rôle essentiel au sein du groupe, ainsi que Maurice Denis, qui donna une première formulation théorique de l'esthétique nabie, *Définition du Néo-traditionnisme* (1890).

Liés à Natanson et à la *Revue Blanche*, au cercle des écrivains symbolistes, aux théâtres d'avant-garde comme le Théâtre de l'Œuvre et le Théâtre Libre, curieux de théosophie, les Nabis reconnurent leur dette envers Puvis* de Chavannes, Gauguin, mais aussi Redon* ou Cézanne*. Leur esthétique est fortement japonisante*. Sans exagérer leur ambition messianique, (nabi signifie prophète en hébreu), leur volonté de renouveler la peinture fut réelle, en affirmant notamment sa vocation décorative. MPS

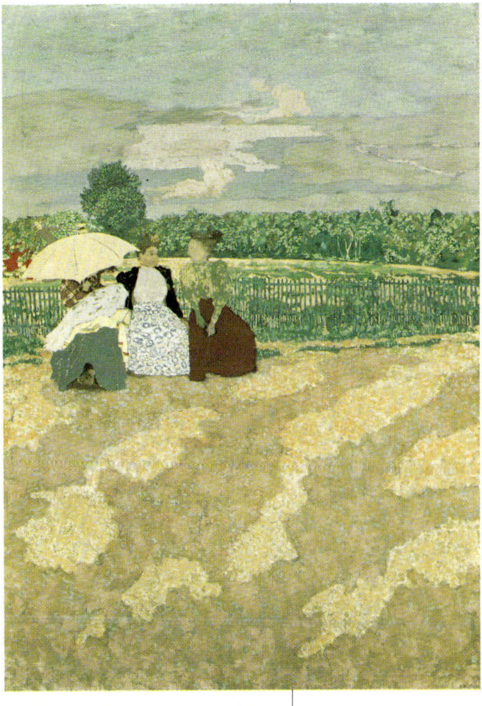

Édouard Vuillard, *Jardins publics : La Conversation*, 1894. Peinture à la colle sur toile, 213 × 154.

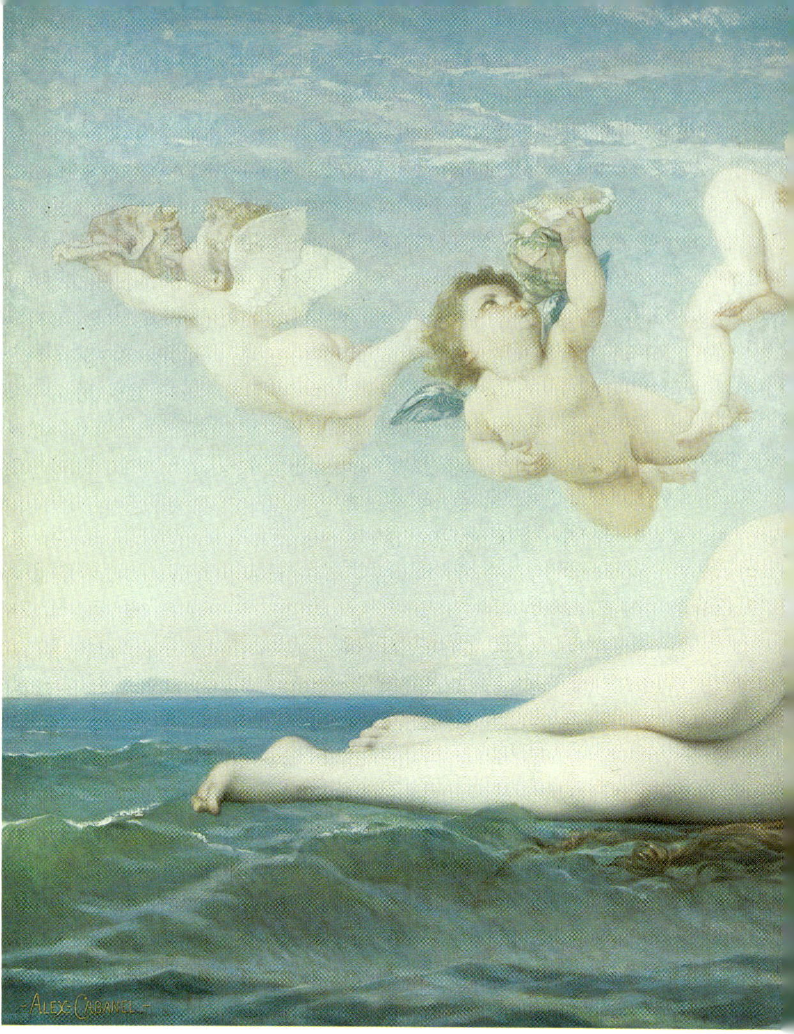

3 NAISSANCE DE VÉNUS

Alexandre Cabanel (1823-1889) fut l'élève du peintre néoclassique Picot et obtint le Prix de Rome en 1845. En 1863 il accéda aux plus hautes distinctions en devenant membre de l'Institut et professeur à l'École des beaux-arts. Cette même année il présenta *La Naissance de Vénus* au Salon* officiel.

En technicien accompli, il déploie un métier virtuose qui fait de cette peinture facile et policée un parfait exemple de l'art qui emportait alors l'adhésion du public et des instances officielles; le tableau fut d'ailleurs immédiatement acheté sur la liste civile de Napoléon III.

Dans l'esprit éclectique* caractéristique du Second Empire, Cabanel mêle les références stylistiques. On peut en effet retrouver dans *La Naissance de Vénus* aussi bien l'influence ingresque* que celle des voluptés picturales du XVIIIe siècle.

Le caractère brillant et superficiel d'une telle création ne doit pourtant pas éclipser l'enjeu du débat esthétique qui éclate alors. En effet, le thème mythologique n'est plus ici

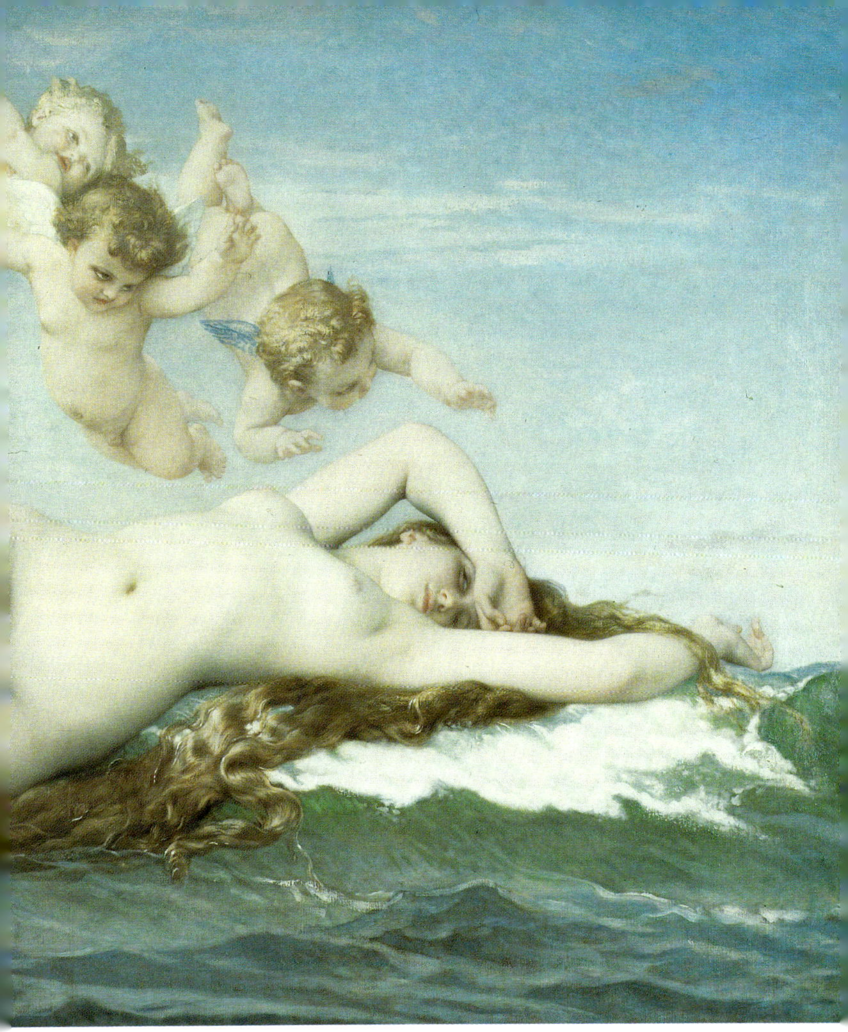

qu'un alibi pour aborder le nu* qui, depuis la lente décadence de la peinture d'histoire, apparaît comme le dernier refuge des plus hautes valeurs académiques. Théophile Gautier insiste sur cette prééminence : « L'étude de la forme humaine, absolue et dégagée de tout costume et de toute mode transitoire est seule capable de produire des artistes complets. Là est le vrai, le beau, l'éternel. » Or, la réponse donnée par Cabanel relève d'une conception idéalisée du nu, désormais vidée de toute rigueur esthétique. Émile Zola dénonce cette peinture à ses yeux totalement dévoyée : « La déesse noyée dans un fleuve de lait, a l'air d'une délicieuse lorette, non pas en chair et en os – cela semblerait indécent – mais en une sorte de pâte d'amande blanche et rose. » *Le Déjeuner sur l'herbe* présenté dans le scandale au Salon des refusés de 1863 et *Olympia**, que Manet* peint également en 1863, dans leur franchise et leur vigueur, sauront répondre aux exigences réalistes d'une nouvelle génération. LDC

Alexandre Cabanel,
La Naissance de Vénus, 1863.
H/t 130 × 225.

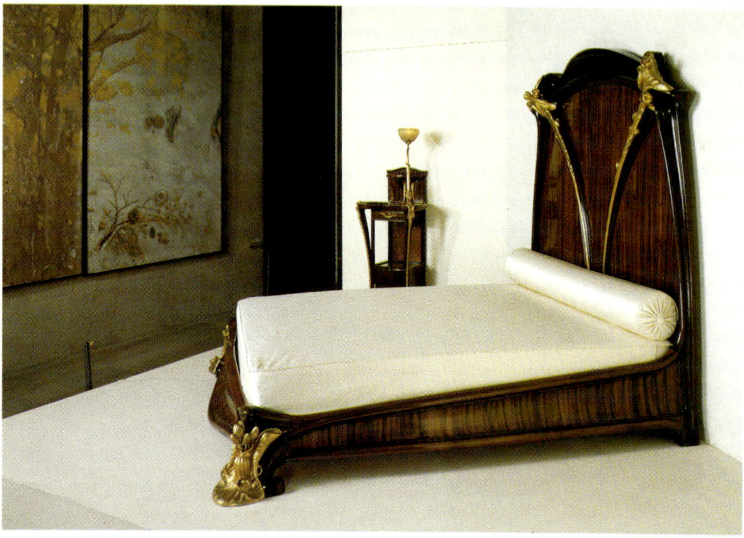

Louis Majorelle, *Lit Nénuphars*, modèle créé entre 1905 et 1908. Acajou, amourette, marqueterie, 190 × 223.

64 Nancy (École de)

L'existence légale de l'École de Nancy ou « Alliance provinciale des industries d'Art » date du 11 février 1901. Il ne s'agit pas, selon le sens habituel du terme d'école, d'un groupement d'artistes, mais d'une association d'industriels. Le but est de substituer aux énergies isolées un régime d'entente, de remédier à la pénurie des ouvriers d'art, d'établir des rapports avec les centres de production et de vente des industries artistiques, d'organiser des expositions.

Les statuts de l'École de Nancy sont en réalité une codification tardive d'un mouvement qui, bénéficiant de la spectaculaire croissance démographique et économique de la ville consécutive à la défaite de 1871, s'était développé, sous l'impulsion de Gallé*, au cours des trente dernières années du XIXe siècle. Le principe de l'unité de l'art était érigé en dogme – « Il n'y a pas d'arts vilains et manants, d'arts serviles et libéraux. », écrivait Émile Gallé – et faisait de la nature la seule et inépuisable possibilité de renouvellement des arts du décor.

La présidence de l'École était assurée par Gallé, secondé par Daum, maître verrier, Majorelle et Vallin, ébénistes. Le comité directeur réunissait trente-six membres dont les architectes André, Gutton, Weissenburger, les peintres Friant et Prouvé, le peintre verrier Gruber. PT

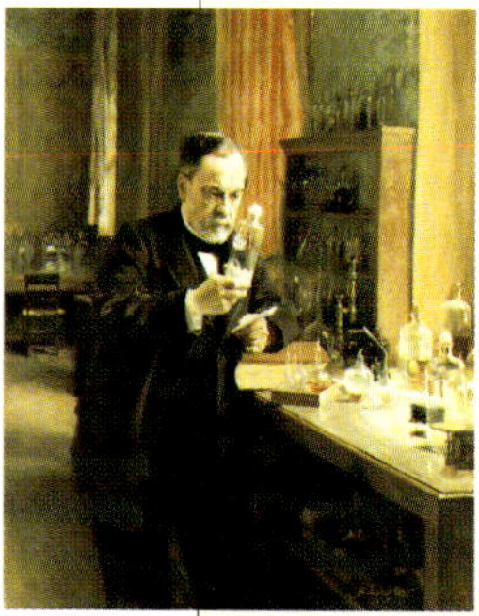

Albert Edelfelt, *Louis Pasteur*, 1885. H/t 154 × 126.

55 NATURALISME
Des champs à l'usine

Le naturalisme, prolongement du réalisme (voir Courbet), gagne tous les arts et tous les pays dans les années 1880-1890. Ce terme, d'origine scientifique, se réfère à la méthode expérimentale de Claude Bernard, fondée sur le constat et l'analyse des faits.

On décrit la vie paysanne et ouvrière, la ville moderne, le monde de la science. Bastien-Lepage (*Les Foins*, 1877) et Léon Lhermitte (*La Paye des moissonneurs*, Salon de 1882) peignent des paysans aussi frustes et harassés que les ouvriers sculptés par le Français Dalou* et le Belge

Nu (peinture et sculpture)

Le nu, surtout féminin, est partout présent au musée d'Orsay. L'artiste du XIXe siècle se forme en dessinant des nus d'après l'antique ou le modèle vivant (Courbet, *L'Atelier**). Les Ève, les Vénus, les Bacchantes et les Suzanne au bain, sujets antiques se prêtant à l'étude du corps, sont légion, tant en sculpture (Delaplanche, *Ève avant* et *Ève après le péché*, Salon de 1870 ; Moreau-Vauthier, *Bacchante couchée*, 1892 ; Barrau, *Suzanne*, 1895) qu'en peinture (Cabanel, *Naissance* de Vénus* ; Henner, *Chaste Suzanne*, 1864).
La permanence du langage allégorique explique l'utilisation, pour nous incongrue, du nu pour la représentation d'idées abstraites voire modernes, comme *La Charpente* ou *Le Gaz* dans les décors de l'Opéra* de Paris. Les corps sont invariablement idéalisés, jeunes, lisses et épilés pour ne pas choquer, l'exception étant *L'Origine du monde* de Courbet* (ill. p. 18).
L'arrivée du réalisme ne tue pas le nu : l'*Olympia** de Manet* représente une prostituée dans toute sa crudité. *La Source* de Courbet (1868), bien différente de celle d'Ingres* (ill. p. 59), témoigne des méfaits du corset. La *Femme piquée par un serpent* de Clésinger arbore sa cellulite. Degas* étudie des danseuses prématurément déformées par leurs exercices ou observe sans complaisance des femmes se lavant. EH

Auguste Clésinger, *Femme piquée par un serpent*, 1847. Marbre, 56 × 180 × 70.

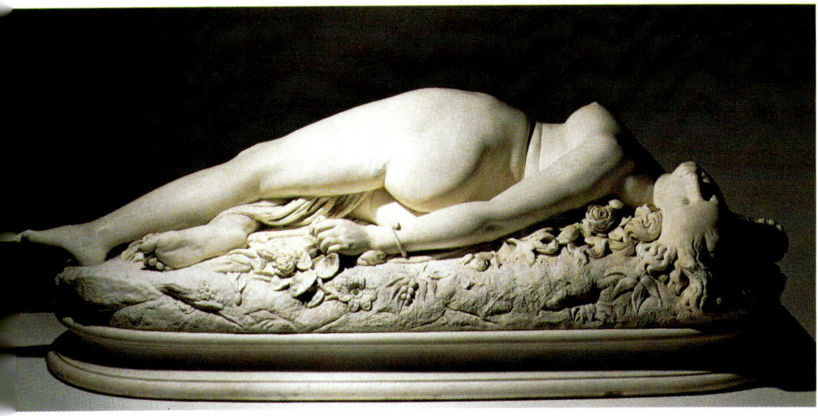

Meunier. Si la mine et l'usine sont parfois magnifiées (Cormon, *La Forge*, 1894), elles sont souvent dénoncées comme aliénantes (Hœtger, *La Machine humaine*, 1902). Le savant, lui, est représenté dans son univers de travail : Pasteur pose dans son laboratoire pour le Suédois Edelfelt, Gervex montre le docteur Péan opérant une malade à l'hôpital Saint-Louis.
Mais le naturalisme ne saurait être limité à un rendu minutieux de la réalité : en un sens, l'impressionnisme* est une forme de naturalisme, par exemple lorsqu'il représente la ville moderne. *La Gare Saint-Lazare* de Monet* (1877, ill. p. 12) et *Les Docks de Cardiff* de Walden, de 1894 [58] louent tous deux la beauté du chemin de fer, avec des moyens plastiques différents. Le naturalisme est apprécié du pouvoir officiel, qui acquiert de nombreuses œuvres françaises mais aussi étrangères ; ses images sont largement diffusées dans les manuels scolaires. EH

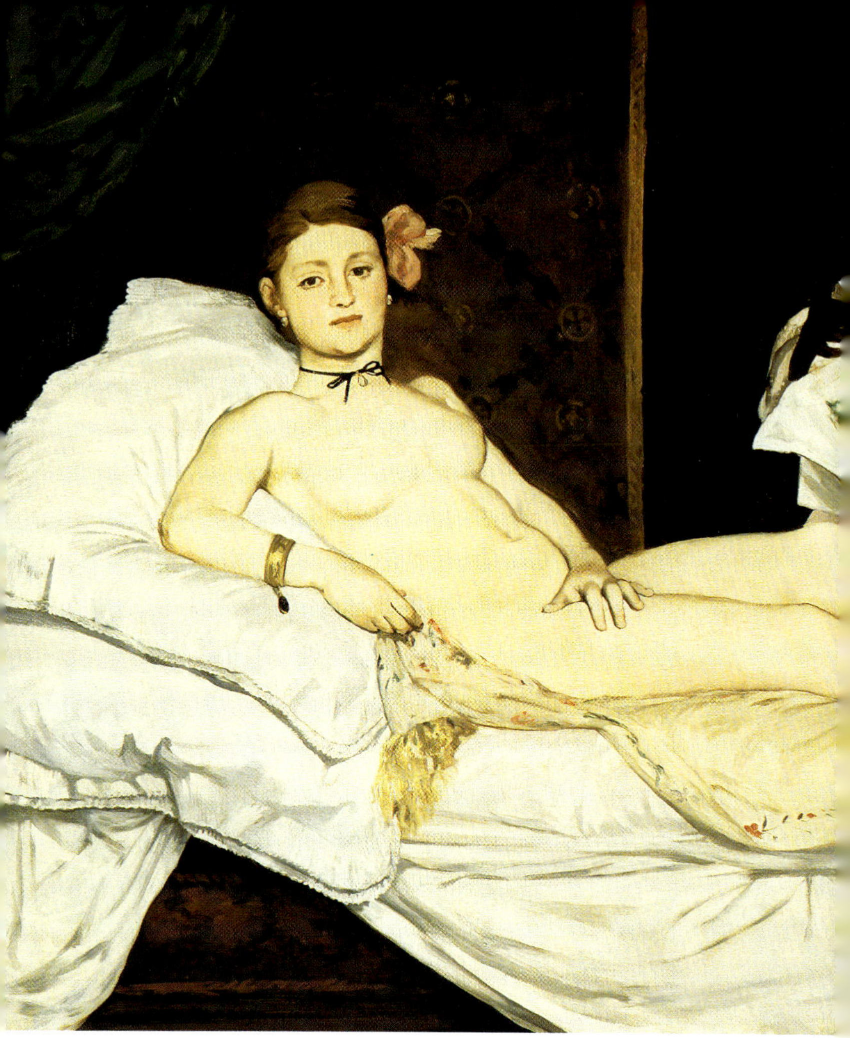

14 OLYMPIA

Véritable icône de la peinture moderne, *Olympia* est une œuvre fascinante et complexe où Manet* réinvente le thème traditionnel du grand nu* féminin par le jeu d'une peinture franche, sans compromis. Le sujet autant que le langage pictural expliquent le scandale que l'œuvre provoqua lors de sa présentation au Salon* de 1865.

En visiteur passionné de musées, Manet multiplie les références formelles et iconographiques : la *Vénus d'Urbin* du Titien, qu'il avait copié à Florence dans sa jeunesse, mais aussi la *Maja desnuda* de Goya et enfin le thème de l'odalisque à l'esclave noire, traité notamment par Ingres*.

Mais, alors qu'une sensualité douce et intimiste dominait ces modèles, Manet traduit picturalement la froideur et le prosaïsme d'un sujet bien contemporain. La Vénus est devenue une prostituée qui défie le spectateur de son regard. Ses traits – rendus sans aucune idéalisation – sont ceux de Victorine Meurent. Ce nu contemporain, dans son réalisme et son individualisation, est par exemple à l'opposé de l'alibi mythologique et

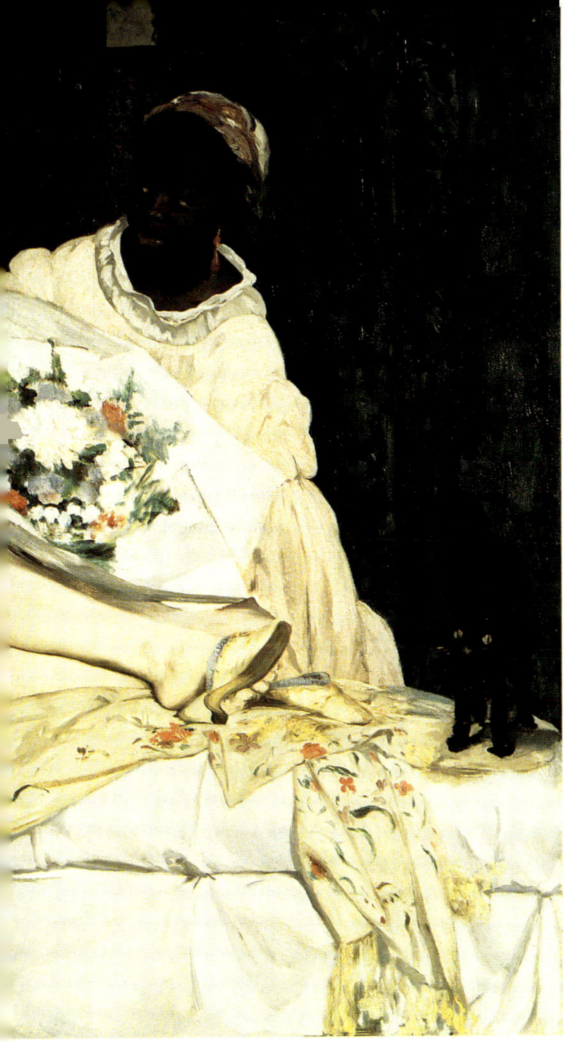

Édouard Manet, *Olympia*, 1863. H/t 130 × 190.

de la peinture porcelainée de la *Naissance* de Vénus* de Cabanel.

Face à cette remise en cause du nu idéalisé, fondement de la tradition académique, la violence des réactions fut considérable. Les critiques exprimèrent d'ailleurs autant leur gêne que leur indignation : « Qu'est ce que c'est que cette odalisque au ventre jaune, ignoble modèle ramassé je ne sais où. », « Le ton de chairs est sale. Les ombres s'indiquent par des raies de cirage plus ou moins large. » Évoquant cette épreuve, Manet justifiait son art : « Je rends aussi simplement que possible les choses que je vois. Ainsi, l'*Olympia*, quoi de plus naïf ? Il y a des duretés me dit-on, elles y étaient. Je les ai vues. J'ai fait ce que j'ai vu. »

Vite perçue comme un archétype de la modernité, *Olympia* fut à ce titre copiée, parodiée, détournée, entre autres par Gauguin*, Cézanne* et Picasso. L'histoire de son entrée dans les collections nationales est éloquente : elle fut achetée à la veuve du peintre en 1890 au terme d'une souscription due à l'initiative de Monet* pour être offerte à l'État, qui l'accepta pour le musée du Luxembourg. Elle ne fit son entrée au Louvre qu'en 1907 où, accrochée à côté de la *Grande Odalisque* d'Ingres (1814), elle provoqua un nouveau scandale. LDC

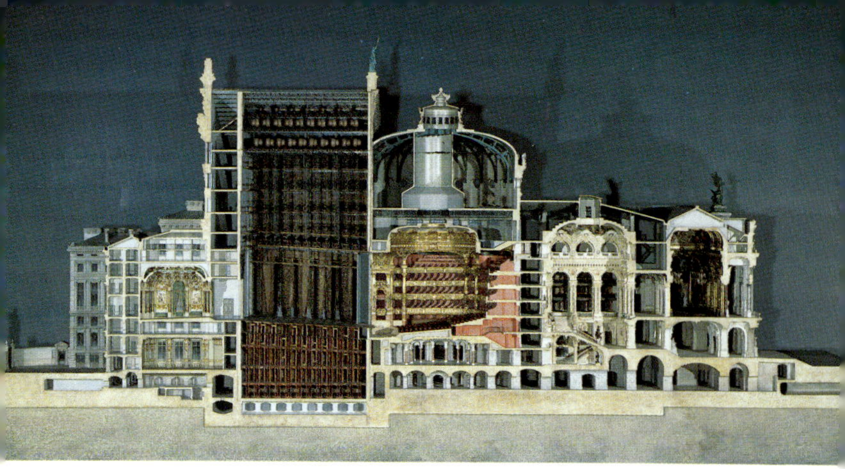

Coupe longitudinale de l'Opéra, maquette réalisée à Rome par l'Atelier, sous la direction de Richard Peduzzi, 1982-1986.

Opéra Garnier

En 1861, Charles Garnier (1835-1898) remporte le concours du Nouvel Opéra de Paris. Le grand chantier s'inscrit dans le projet d'urbanisation d'Haussmann (voir Architecture et urbanisme), qui en avait déterminé l'emplacement dès 1858, mais Garnier refuse ce qui caractérise l'architecture de cette période. Privilégiant la courbe au détriment de la ligne droite, le pittoresque au lieu de la régularité, l'exubérance ornementale contre l'austérité, il fait résonner une polychromie de marbres et de porphyres verts et roses, luire les bronzes, scintiller le cuivre de la coupole, en opposition à la grisaille sobre des immeubles haussmanniens. Un plan magistral, rationnel, parfaitement clair grâce à la composition, à l'échelonnement des masses architecturales et au jeu des toitures, le rapport harmonieux entre toutes les parties, mais aussi l'ampleur, la générosité des dispositions intérieures sont parmi les qualités majeures du bâtiment ainsi que le souligne la maquette de la coupe longitudinale. Garnier a volontairement choisi de porter toute son attention sur le foyer et l'escalier, mettant en scène le spectateur ébloui dans un espace grandiose. L'Opéra est aussi l'un des plus beaux exemples de synthèse des arts, puisque Garnier supervise le programme des peintres (Lenepveu, Baudry), sculpteurs (Carpeaux*, *La Danse*), stucateurs et mosaïstes. CM

23 ORIENTALISME : UN MONDE RECRÉÉ

L'Orient séduit les artistes du XIXe siècle. Certains se contentent d'un Orient rêvé, imaginant des paysages colorés, des femmes lascives, des guerriers cruels. *Les Éléphants d'Afrique* de Tournemine (1867) semblent illustrer un poème de Leconte de Lisle; la *Jeune Fille de Mégare* de Barrias (Salon de 1870) file sa laine à demi nue*; le sang coule dans l'*Exécution sans sommation sous les rois maures de Grenade* de Régnault (1870, [3]). D'autres font le voyage : il en résulte soit des peintures documentaires sur les mœurs et les coutumes locales, soit des œuvres où la poésie l'emporte sur le constat (Guillaumet, *Prière du soir dans le Sahara*, 1863; Belly, *Pèlerins allant à La Mecque*, 1861). En sculpture, l'usage de la polychromie* garantit le pittoresque de la représentation (Cordier, Gérôme*).

De ses périples, on ramène des objets pour décorer son intérieur, comme Pierre Loti pour sa maison de Rochefort-sur-Mer. On tente d'imiter leurs formes et leurs couleurs, de retrouver leurs techniques fascinantes : Deck crée des plats et des coupes en faïence qui copient celle d'Iznik, Brocard produit des vases en verre peint, émaillé et doré, évoquant les lampes de mosquées égyptiennes ou syriennes. EH

Pastels

Le pastel est un bâtonnet friable composé de pigments pulvérisés, mêlés à de la terre blanche finement broyée, de la colle, de la gomme arabique, et d'autres composants variables qui ont une incidence sur sa tendreté.
Dans la seconde moitié du XIXe siècle, le pastel reste une des techniques privilégiées pour le genre du portrait* – qui avait généré son essor au XVIIIe siècle –, aussi bien pour les artistes académiques que pour les impressionnistes* (Manet*, *La Viennoise, Irma Brunner*, vers 1880), les Nabis* (Maurice Denis, *Marthe fiancée*, 1891) ou les symbolistes* (Lévy-Dhurmer, *Portrait de Georges Rodenbach*, v. 1895).
La fragilité et la sensualité du pastel, apte à rendre les subtilités atmosphériques et les variations tonales, répondaient aux exigences diverses des paysagistes impressionnistes (Degas*, *Falaises au bord de la mer*, 1869) ou réalistes (Léon Lhermitte, *Deux baigneuses au bord d'un étang*, v. 1893), comme aux effets troubles et mystérieux des compositions symbolistes (Spilliaert, *Clair de lune et lumières*, v. 1909). L'utilisation du pastel fut au XIXe siècle une des voies de l'expérimentation technique, pour des artistes comme Redon* [40] ou Degas [37-38], qui le travaillait mêlé à d'autres techniques, appliqué sur monotype à l'encre ou à l'huile, ou sur eau-forte, parfois repris sur une préparation à l'essence. MPS

49 Photographie

C'est avec la création du musée d'Orsay que la photographie du XIXe siècle a acquis pour la première fois droit de cité dans les musées nationaux : commencée en 1979, la collection rassemble aujourd'hui plus de trente mille œuvres, de 1839 (date de l'invention du daguerréotype) à la fin des années 1910. Constitué dans un premier temps d'affectations et de dépôts provenant de diverses institutions, cet ensemble s'est enrichi, au cours des ans, grâce à de nombreux dons et à une politique d'acquisition massive : la collection actuelle s'efforce de représenter toutes les voies emprun-

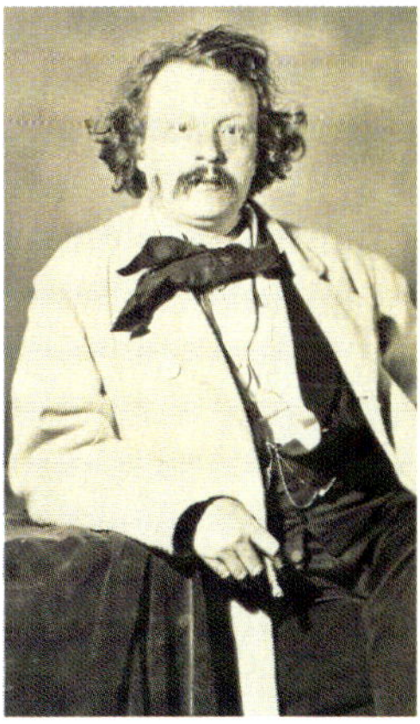

Félix Nadar, *Autoportrait à la lumière électrique* (détail), 1859-1860. Épreuve sur papier albuminé.

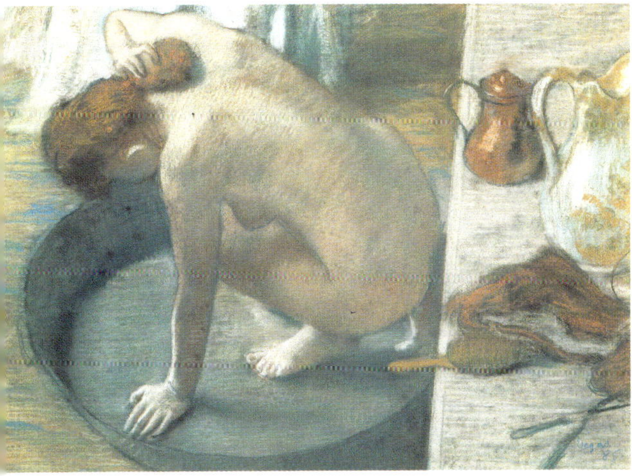

Edgar Degas, *Le Tub*, 1886. Pastel sur carton, 60 × 83.

tées par la création photographique au XIXe siècle, en France comme à l'étranger.
Particulièrement riche en « primitifs » de la photographie (Baldus, Greene, Le Gray, Robert, Atkins, Salzmann, sans oublier quelques centaines de daguerréotypes français, anglais et américains...), le musée n'en dédaigne pas pour autant la fin du siècle : outre la collection complète de la revue *Camera Work*, on notera un ensemble d'héliogravures de pictorialistes français et étrangers, ainsi que des épreuves originales de Kühn, Puyo, Drtikol, Atget. Parmi les artistes et écrivains célèbres figurent des œuvres de Rivière, Degas*, Bonnard*, Hugo ou Zola. À cela s'ajoutent des dizaines d'albums, dont certains d'une grande rareté (Annan, Cameron, de Meyer) et des ensembles impressionnants (Nadar, Disderi, Haviland...).

Ces œuvres sont présentées au musée en permanence, par roulement, sous forme d'accrochages monographiques ou thématiques, dans les espaces qui leur sont réservés. Par ailleurs sont également organisées des expositions temporaires consacrées à la photographie. Le fonds est accessible aux chercheurs, sur rendez-vous uniquement. QB

32 Pissarro (Camille)

Les paysages que Pissarro (1830-1903) exposait au Salon* dans les années soixante manifestaient l'influence de Corot*. Davantage attiré par la terre que par l'eau, et sensible au cours des saisons, il devint le peintre de la campagne : il adoptait des sujets rustiques et représentait des paysages champêtres où, à l'encontre de Cézanne, il insérait toujours une présence humaine. Champs, vues de vil-

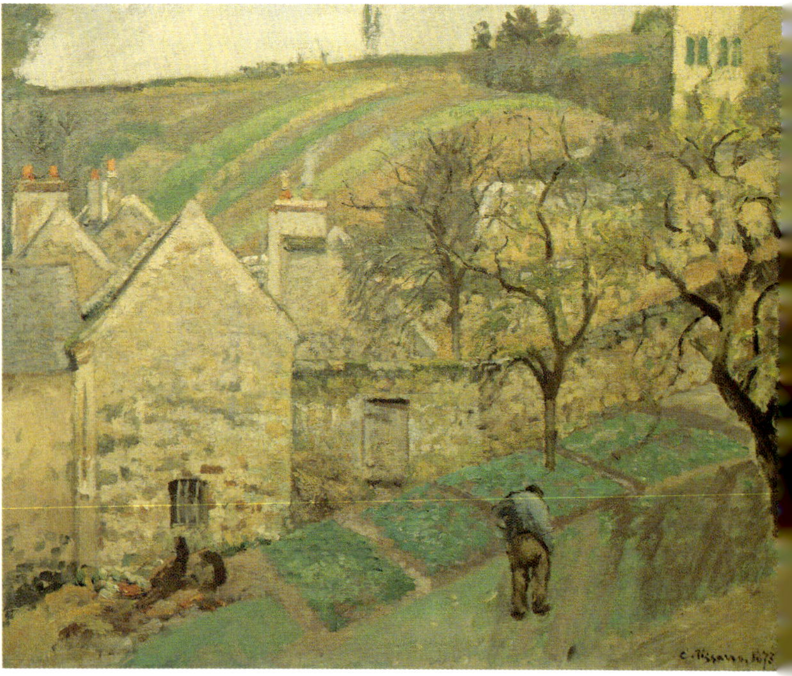

Camille Pissarro, *Côteau de l'Hermitage, Pontoise*, 1873. H/t 61 × 73.

lages, chemins et routes étaient ses motifs de prédilection (*La Route à Louveciennes*, 1870).
Au retour de son exil à Londres, où il avait retrouvé Monet* et rencontré Durand-Ruel, il travailla à Pontoise, Osny et Auvers-sur-Oise, parfois avec Gauguin*, mais le plus souvent aux côté de Cézanne* : tous deux s'influencèrent alors réciproquement. Il exposa régulièrement avec les impressionnistes* dès la première exposition de 1874, où figurait la *Gelée blanche* (1873), toile vivement critiquée alors. Il s'établit à Éragny en 1884. *Femme dans un clos* (1887) et *Femme au fichu vert* (1893) rappellent qu'il se laissa séduire temporairement par les théories néo-impressionnistes de Seurat* et de Signac*. À la fin de son existence, il fut également un maître du paysage urbain (*La Seine et le Louvre*, 1903). SP

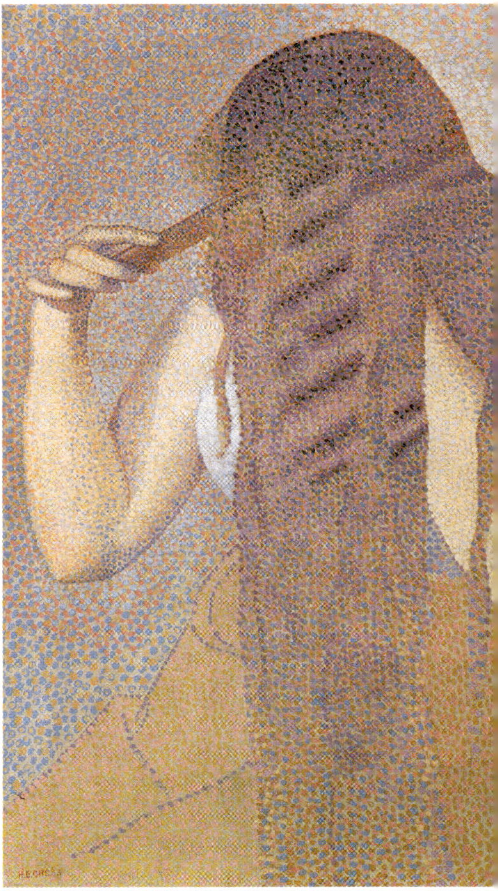

Henri-Edmond Cross, *La Chevelure*, v. 1882. H/t 61 × 46.

46 **POINTILLISME**
« Atteindre un maximum de luminosité, de coloration et d'harmonie. » (P. Signac)

Cette technique picturale de juxtaposition de points de couleur pure – ou des tons du prisme – sur la surface de la toile, permettant le mélange optique des couleurs, dérive de théories scientifiques, notamment celles de Charles Blanc, Chevreul et Rood, qui déterminèrent le divisionnisme de Seurat*. Signac* donna une formulation théorique des implications esthétiques du divisionnisme dans *D'Eugène Delacroix au néo-impressionnisme* (1899). Il fut appliqué de façon plus ou moins rigoureuse par les peintres néo-impressionnistes, Angrand, Dubois-Pillet, Cross, Luce et Pissarro* qui adoptèrent tous, par la suite, une touche plus libre, plus large.
Le divisionnisme connut un essor dans toute l'Europe vers le milieu des années 1890, notamment en Belgique, où l'influence de Seurat et de Signac fut décisive sur l'œuvre de Théo Van Rysselberghe ou de Lemmen.
En Italie, les artistes de l'avant-garde milanaise, comme Angelo Morbelli, explorèrent la signification des théories de Rood, par une étude très sophistiquée de la lumière. MPS

Polychromie. La renaissance de la sculpture en couleurs

Longtemps on a pensé que les sculptures grecques et romaines n'étaient pas peintes, en sorte qu'on a cru imiter les Anciens avec des œuvres en marbre blanc. Mais lorsque la preuve du contraire a été apportée, certains artistes ont tenté de remettre la sculpture polychrome au goût du jour, non sans résistances.

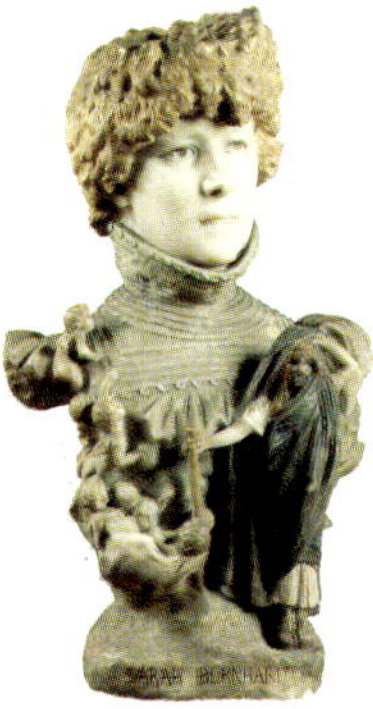

Jean-Léon Gérôme, *Sarah Bernhardt*, v. 1895. Buste en marbre teinté, 69 × 41 × 29.

Plusieurs procédés et matériaux furent employés : Cordier combina au bronze l'onyx de l'Algérie (conquise par la France en 1830) dans des bustes orientalisants à vocation ethnographique (*Nègre du Soudan*, 1857) et Barrias mélangea divers marbres, colorés ou non, avec l'onyx, la malachite et le lapis-lazuli (*La Nature se dévoilant à la science*, 1899). Gérôme*, lui, appliqua de la cire colorée, hélas fragile, sur ses marbres, comme sa *Tanagra* (1890), référence aux fouilles de Tanagra qui, au XIXe siècle, mirent au jour des statuettes grecques en terre cuite polychrome.

Sans plus se référer à l'antique, Gauguin* et Lacombe peignirent leurs sculptures de bois dans un esprit décoratif. Les peintres sculpteurs pratiquèrent volontiers la polychromie dans un but illusionniste, comme Degas*, dont la *Petite Danseuse de quatorze ans* (bronze de 1881) engendre toujours le malaise. EH

Pompier (peinture)

Voir Salon

43 Pont-Aven (groupe de)

Autour de Gauguin* et d'Émile Bernard, puis de Sérusier* se rassemblèrent à la fin des années 1880 un groupe de

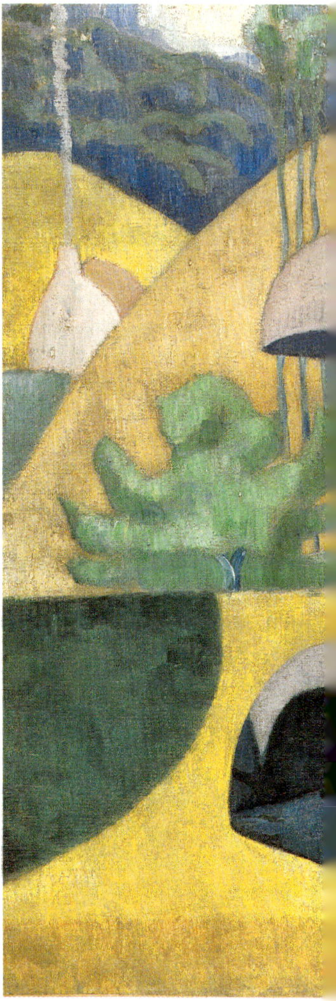

jeunes artistes sur lesquels ils exercèrent un ascendant intellectuel et esthétique. En 1886, Gauguin fit un premier séjour à Pont-Aven, à la pension Gloanec ; il y retourna en février 1888 et élabora avec Bernard le synthétisme, dont Albert Aurier fera l'une des sources de la définition du symbolisme*.

La considération des arts primitifs et médiévaux, de l'image d'Épinal, de l'art populaire, de l'estampe japonaise (voir Japonisme), mais aussi l'exemple de

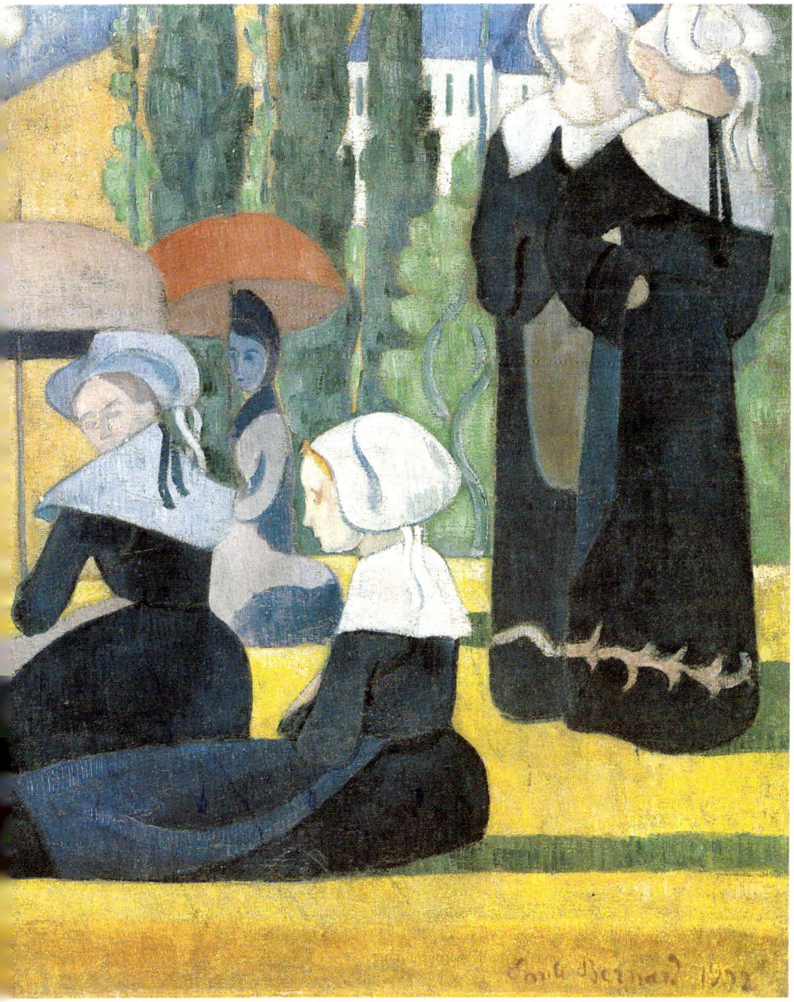

Émile Bernard, *Les Bretonnes aux ombrelles*, 1892. H/t 81 × 105.

Cézanne* orientèrent leurs recherches vers la simplification formelle et l'ambition de décloisonnement des arts. En juin 1889, l'exposition au café Volpini qui présentait des œuvres de Gauguin, Bernard, Guillaumin, D. de Monfreid, Schuffenecker, Anquetin et Van Gogh*, que Gauguin avait rencontré en Arles en octobre 1888, révéla l'art du groupe. En 1889, Gauguin s'installa au Pouldu, un village voisin, où il devint l'âme d'une « communauté » d'artistes. Son départ pour Tahiti en 1891 entraîna la dislocation du groupe, mais son influence resta essentielle sur le primitivisme de la génération formée dans les années 1890. MPS

« Enfin, j'espère que cet hiver vous verrez de moi un Gauguin presque nouveau. Ce que je désire, c'est un coin de moi-même encore inconnu. »

Le Pouldu, Gauguin à Émile Bernard.

PORTE DE L'ENFER

En 1880, Rodin*, qui a déjà quarante ans, reçoit sa première commande d'État importante : une porte monumentale. Il choisit d'illustrer *La Divine Comédie* de Dante, son livre de chevet. Dante et Virgile visitent les Enfers et rencontrent des damnés se tordant dans les supplices.

Rodin crée deux vantaux séparés par un trumeau, comme une porte de cathédrale ; il les divise d'abord en compartiments puis opte pour un espace unique, indéterminé, dans lequel il place cent quatre-vingt-six damnés. Il procède par addition, soustraction, multiplication. Il modèle d'abord des terres, qu'il fait mouler en plâtre en plusieurs exemplaires, puis modifie ces figures, leur coupe des membres, ou inversement pratique des greffes (on parle de « marcottage »). Il arrive qu'un personnage ou une partie de personnage se retrouve à plusieurs endroits dans la *Porte* : les *Trois Ombres* du sommet sont la répétition, avec un léger décalage spatial, d'une seule et même figure, amputée de la main droite ; l'homme renversé, qui tombe de la corniche à gauche, est le même que celui qui porte une femme dans le montant droit.

Rodin s'est servi de ces figures (ses « abattis », disait-il) comme d'un inépuisable répertoire de formes. Il les dote parfois d'une vie individuelle en les extrayant de la *Porte*, en les agrandissant et en les faisant tailler en marbre par ses praticiens ou fondre en bronze, souvent en plusieurs exemplaires : c'est le cas du *Penseur*, en haut du trumeau, du *Baiser*, éliminé très tôt de la *Porte*, ou encore du *Fugit amor*, dont le musée d'Orsay possède le premier bronze.

Cette *Porte*, qui nous renvoie une image insoutenable de la condition humaine, n'a jamais été achevée. Elle devait ouvrir le musée des Arts décoratifs, alors prévu à l'emplacement actuel du musée d'Orsay, mais le projet n'aboutit pas. En 1900, Rodin en exposa un plâtre moins complet que celui du musée d'Orsay, dans une rétrospective présentée en marge de l'Exposition universelle de Paris, au pavillon de l'Alma (musée Rodin, Meudon). Les fontes réalisées d'après le plâtre parisien sont toutes posthumes. EH

Auguste Rodin, *Porte de l'Enfer*, 1880-1917.
Haut-relief plâtre, 635 × 400 × 94.

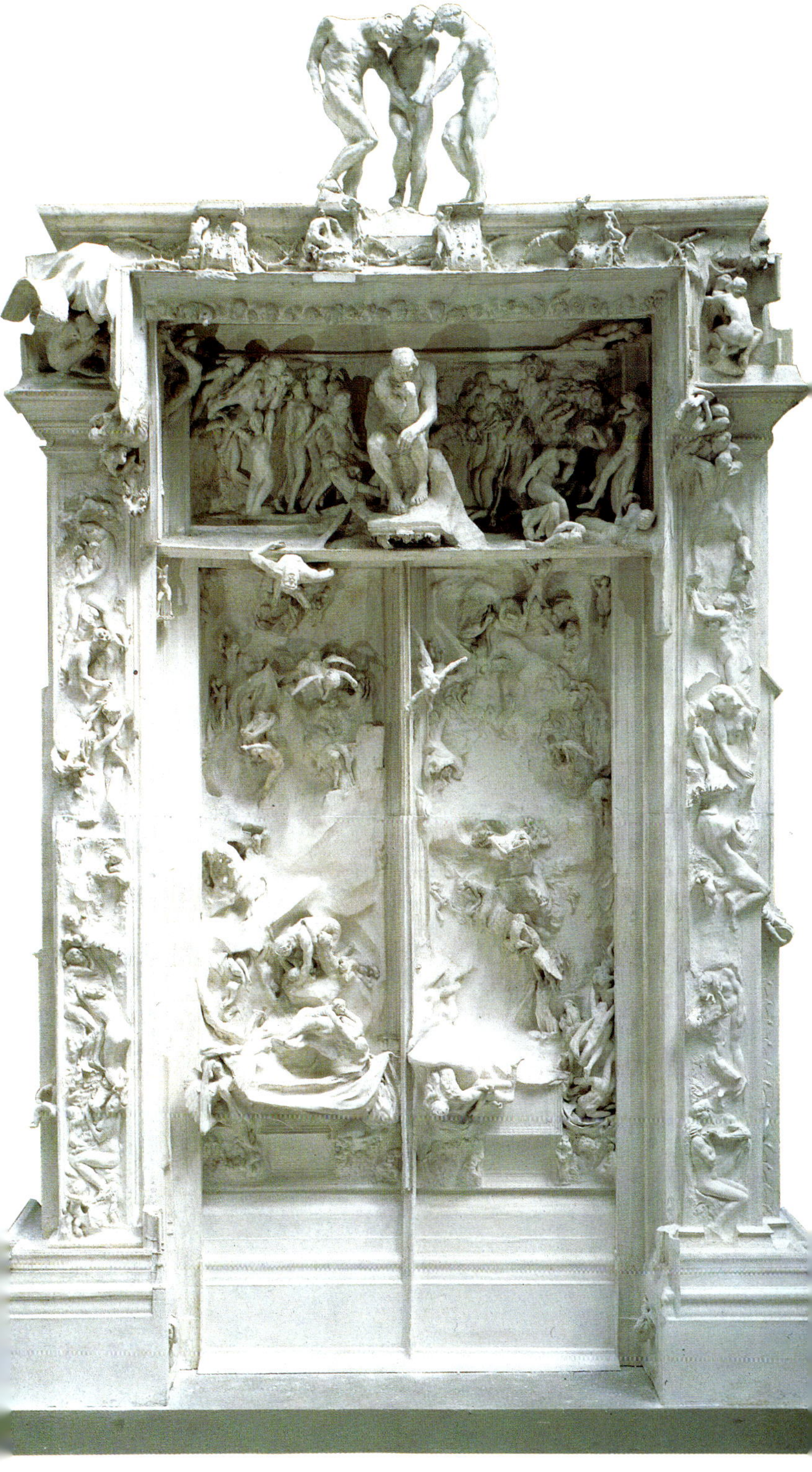

Giovanni Boldini, *Portrait de Robert de Montesquiou*, 1899. H/t 160 × 82,5.

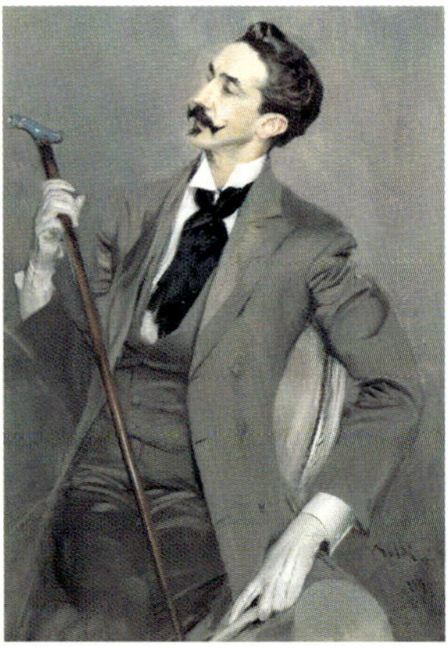

Portraitistes

Les artistes du XIXe siècle pratiquent volontiers le portrait, qui leur permet souvent de vivre lorsqu'ils manquent de commandes. Les portraits sont soit officiels (Bonnat, le président de la République *Jules Grévy*, 1880), soit à usage privé, intime, comme celui, peint par Monet*, de sa femme sur son lit de mort.

L'apparat est souvent de règle : il s'agit de mettre en valeur la richesse des robes et la grâce des corps (Cross, *Madame Cross*, 1891 ; Boldini, *Madame Charles Max*, 1896). Pour flatter le commanditaire, on insiste sur les atouts du modèle (regard de *Madame de Loynes* d'Amaury-Duval, 1862 ; chevelure de *Madame Rimsky-Korsakov* de Winterhalter, 1864) ou sur les accessoires (gant de *La Dame au Gant* de Carolus-Duran, 1869 ; canne de *Robert de Montesquiou* de Boldini). Carpeaux* détaille les perles, les dentelles, les fleurs.

La distance ou la familiarité s'installe : l'austère mère de Whistler* est enfermée dans un réseau de lignes perpendiculaires et un camaïeu de gris et de noir, tandis que l'épouse de Carpeaux rayonne dans sa robe de mariée. Le portrait collectif suggère les liens confraternels entre artistes (*Coin de table*, ill. p. 50, et *Autour du piano*, 1885, de Fantin-Latour*). L'autoportrait, où s'illustrent surtout Courbet* (*L'Homme blessé*, 1844-1854) et Van Gogh*, révèle les drames personnels. EH

Préault (Auguste)

Né tôt dans le siècle, en 1809, mais mort en 1879, Préault méritait sa place au musée d'Orsay. Ses deux médaillons de *Dante* et *Virgile* accueillent le visiteur à l'entrée de la nef. Ce sculpteur romantique* souffrit de la sévérité du jury du Salon*, qui refusait systématiquement ses œuvres.

Ainsi, son *Ophélie* (ill. p. 14), rejetée en 1849, fut acceptée au Salon de 1850-1851, mais seulement fondue en bronze en 1876. On l'accabla de reproches : le sujet, tiré de Hamlet, n'était ni antique ni biblique, le suicide du personnage heurtait la morale, sa composition était confuse, avec ses contours mêlant les voiles aux vagues, son anatomie difforme et sa tête pantelante. L'émotion poignante et la perfection formelle de ce bas-relief, un genre

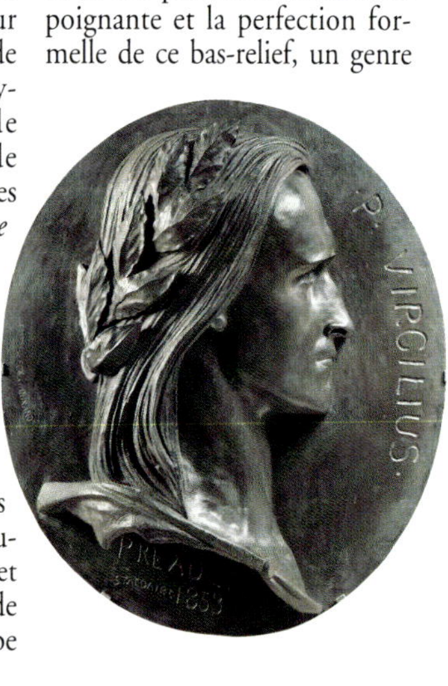

Auguste Préault, *Virgile* et *Dante*, 1852 et 1853. Médaillons colossaux, bronze, 95 × 85 × 23.

dans lequel Préault excellait, sont pourtant incontestables. Ne serait-ce que par cette œuvre et sa *Tuerie* du musée des Beaux-Arts de Chartres (1854), Préault demeure l'un des maîtres de la sculpture du XIXe siècle. EH

Préraphaélites

Voir Étrangers

Presse

« Nous n'avons pas besoin d'expliquer que, par une figure assez commune dans toutes les langues, cet instrument de l'imprimerie se prend pour l'imprimerie tout entière, l'imprimerie pour la parole imprimée, le fait matériel pour le fait moral. » Le *Dictionnaire politique* de Pagnerre ne s'y trompait pas qui, dès 1840, stigmatisait le pouvoir pris par une presse alors en plein développement.

Née des « Occasionnels » et des feuilles d'opinion du XVIIIe siècle, celle-ci devait en effet croître avec les techniques d'impression (la rotative de Marinoni date de 1865), qui en permirent l'industrialisation. De plus, à mesure que s'affaiblissait (pour disparaître par la loi du 29 juillet 1881) la censure, elle se popularisait d'une part grâce à Émile de Girardin, fondateur des publications à bon marché (*La Presse*, 1836), ou encore Polydore Millaud, inventeur de la presse à sensation (*Le Petit Journal*, 1863), et d'autre part en devenant illustrée.

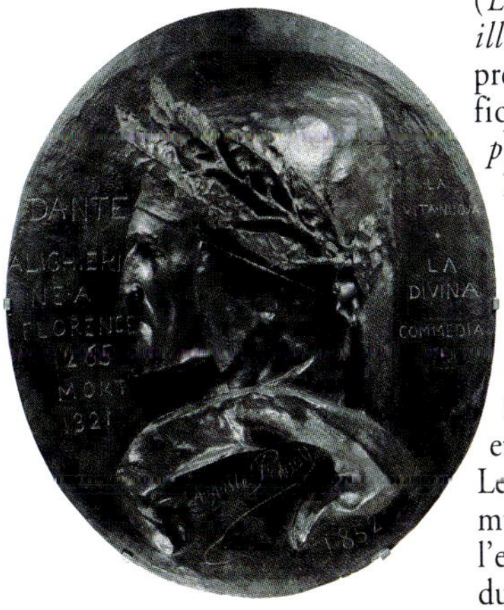

Journaux satiriques (*Le Charivari*, *La Lune*, *L'Éclipse*, le *Don Quichotte*, *L'Assiette au beurre*...) ou d'information (*L'Illustration*, *Le Monde illustré*, *L'Univers illustré*...), presse de vulgarisation scientifique (*La Nature*, *La Science pour tous*...), de voyages (*Le Tour du monde*), de théâtres, de feuilletons ou enfantine (*Le Magasin d'Éducation et de récréation*, *Le Magasin des demoiselles*...) portent désormais aux regards de tous les images* les plus nombreuses et les plus variées.

Le passage de la presse [49] au musée en rappelle le pouvoir et l'expansion continue au cours du siècle. CG

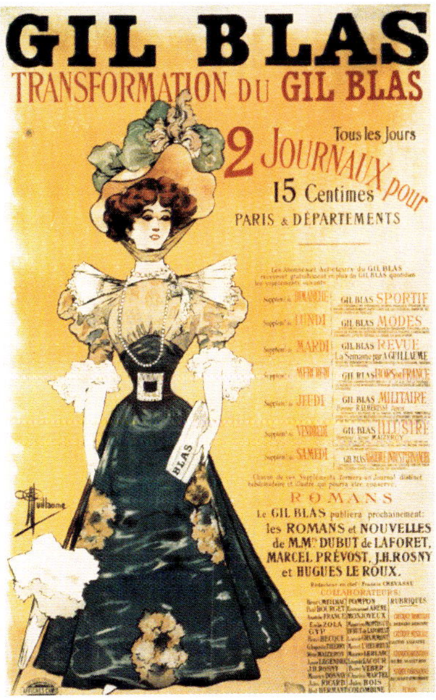

Affiche du journal *Gil Blas*, fin XIXe siècle.

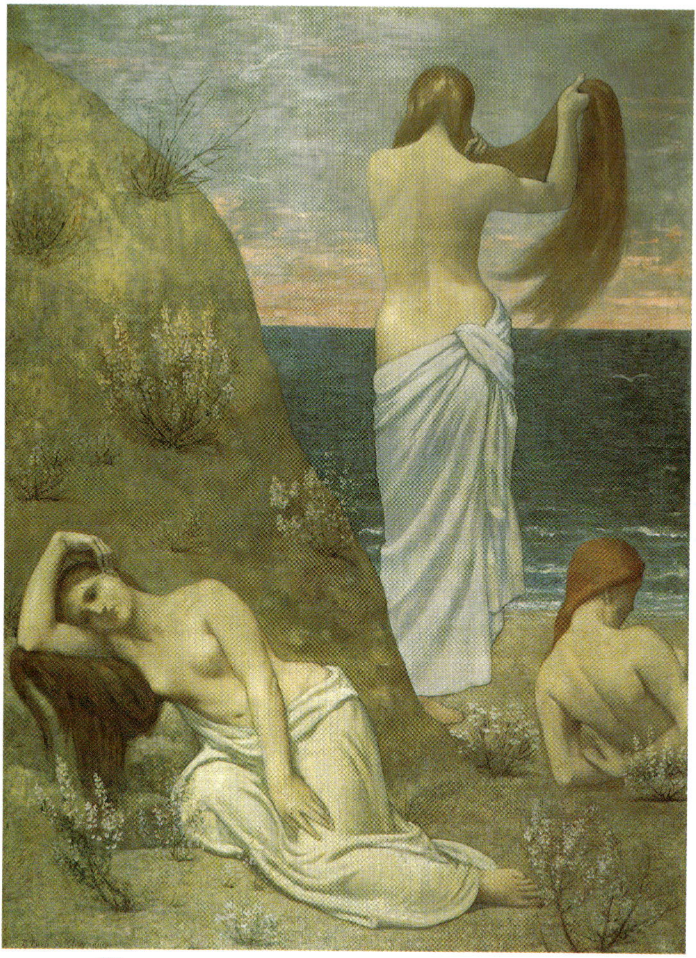

11 Puvis de Chavannes (Pierre)
La genèse de l'œuvre de Puvis de Chavannes (1824-1898) fut marquée par l'influence de Delacroix*, de Couture* et de Chassériau*, dont les fresques de la Cour des Comptes déterminèrent son ambition pour le grand décor. Les allégories emblématiques de l'hôtel Vignon (commandées en 1860) sont encore conventionnelles, tandis que ses grandes compositions pour des édifices publiques renouvelleront le décor mural, le libérant de l'académisme narratif et démonstratif, pour retrouver le hiératisme et la subtilité des fresques du XVe siècle italien. Sa vision mythique et virgilienne de l'Antiquité, d'une humanité agreste et pastorale en harmonie avec la nature (*L'Été*, 1873) inspira l'utopisme archaïsant de la jeune génération des peintres symbolistes. Les tableaux de chevalet de Puvis furent l'objet de violentes controverses critiques. *Le Pauvre pêcheur* (1881) fut pourtant acquis par l'État à la première exposition particulière des œuvres de Puvis en

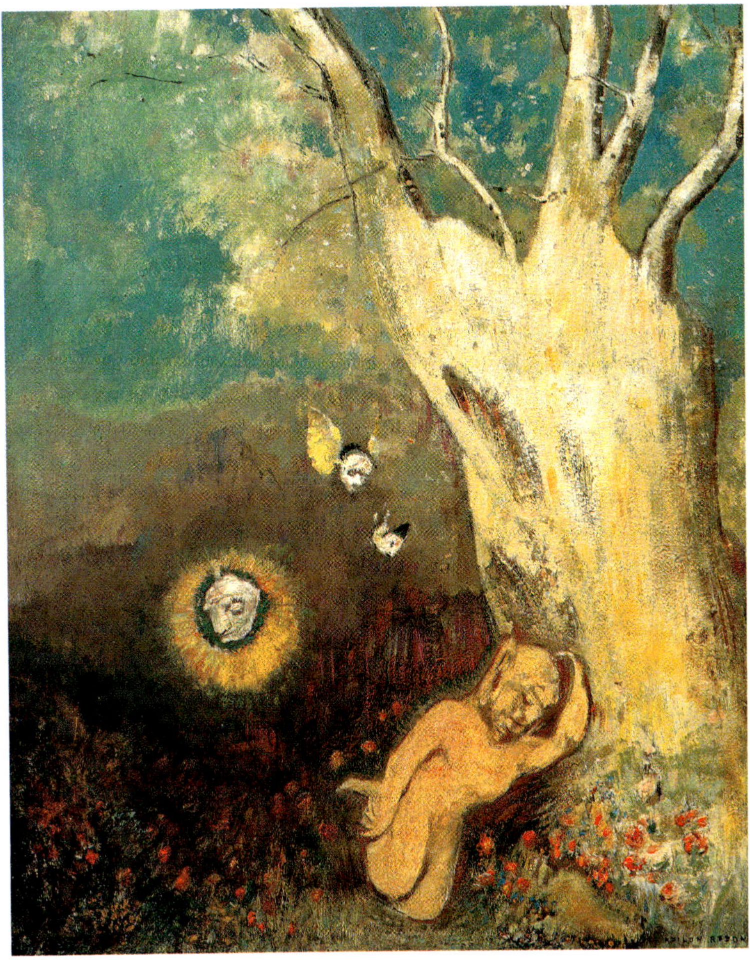

Odilon Redon, *Sommeil de Caliban*, v. 1895-1900. H/b 48,3 × 38,5.

1887 à la galerie Durand-Ruel, et Félix Fénéon reconnaissait déjà en 1883 que « Son œuvre hermétique et symboliste, intelligible pour les seuls penseurs, exécutée tout entière dans un style superbement simpliste qui reprend la tradition des grands primitifs Buffalmacco, Benozzo Gozzoli et Gaddo Gaddi –, [serait] une des gloires de ce siècle. » MPS

40 Redon (Odilon)

Formé dans l'admiration de Corot*, de Moreau* et de Delacroix* dont atteste l'œuvre des débuts – copies, paysages et études d'après nature –, Redon (1840-1916) apprit la gravure et la lithographie auprès du graveur romantique Bresdin. Intime et spirituel, son art ne s'explique cependant par aucune référence et reste marginal dans son siècle. Grâce au botaniste Clavaud et à travers les théories de Darwin, il se passionne pour le monde végétal et les mutations des organismes vivants. Après 1870 s'ouvre la période des noirs, fusains et lithographies aux thèmes visionnaires, poétiques et méta-

À gauche : Pierre Puvis de Chavannes, *Jeunes Filles au bord de la mer*, 1879. Panneau décoratif, H/t 205 × 154.

physiques, où l'artiste exprime notamment le trouble sombre de l'inconscient. Vers 1890, il « épouse », selon sa propre métaphore, la couleur, et son art plus serein, moins dramatique, trouve avec le pastel* la technique privilégiée d'un lyrisme chromatique nouveau.
Vers 1900 il aborde l'exercice du décor intérieur. Robert de Domecy, qui fut l'un de ses premiers collectionneurs, lui commande le décor de la salle à manger du château de Domecy, où il couvre les murs « de fleurs de rêve » et de « faune imaginaire » [62].
C'est à la donation Arï (fils de l'artiste) et Suzanne Redon, en 1982, que le musée d'Orsay doit son importante collection d'œuvres de Redon, provenant essentiellement du fonds d'atelier de l'artiste. MPS

35 Renoir (Auguste)

Avec ses compagnons de l'atelier Gleyre (Monet*, Sisley* et Bazille*), Renoir (1841-1919) travailla en forêt de Fontainebleau où il aurait reçu les conseils de Diaz. Son *Portrait de M.W.S.* (William Sisley, le père de l'artiste), admis au Salon* de 1865, rappelle qu'il exposa régulièrement à cette manifestation officielle. Portraituré par Bazille*, il représenta à son tour son ami (*Frédéric Bazille* 1867, [18]). À Paris et à Chatou, aux côtés de Monet*, il élabora la technique impressionniste* et participa à la première exposition du groupe ; à la seconde, en 1876, figurait son *Portrait* de Monet* (1875, [32]). Peintre de paysages, il éprouvait un intérêt très vif pour la figure humaine qu'il insérait dans des scènes joyeuses et ensoleillées (*La Balançoire*, 1876, ill. p. 58). *La Mosquée, fête arabe* (1881)

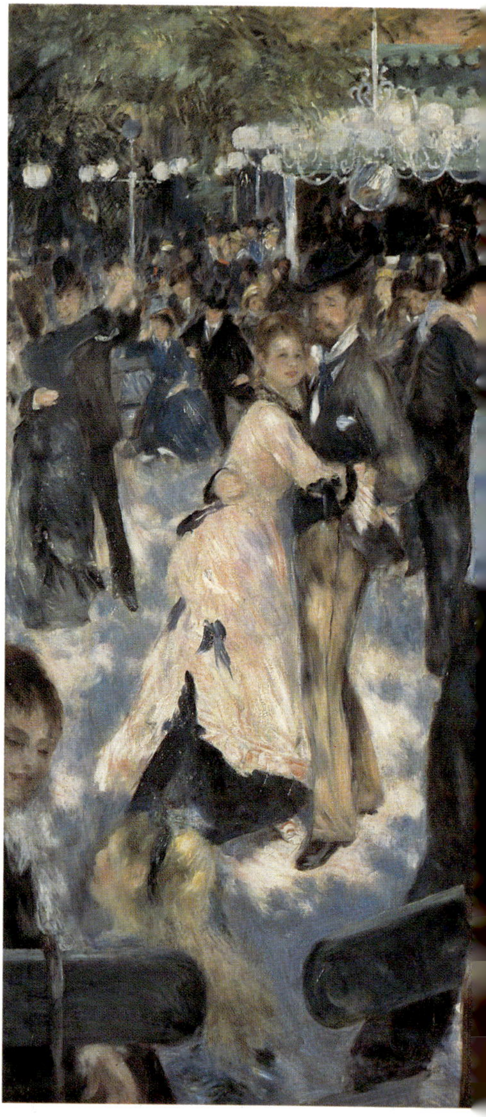

évoque ses voyages. À la rétrospective organisée par Durand-Ruel en 1883 furent présentées la *Danse à la ville* et la *Danse à la campagne*. Après la découverte de Raphaël en Italie et une période « ingresque* », vint le retour à l'ancienne manière, plus séduisante (1890). La période « nacrée » est illustrée par les *Jeunes filles au piano*

Auguste Renoir, *Bal au Moulin de la Galette, Montmartre*, 1876. H/t 131 × 175.

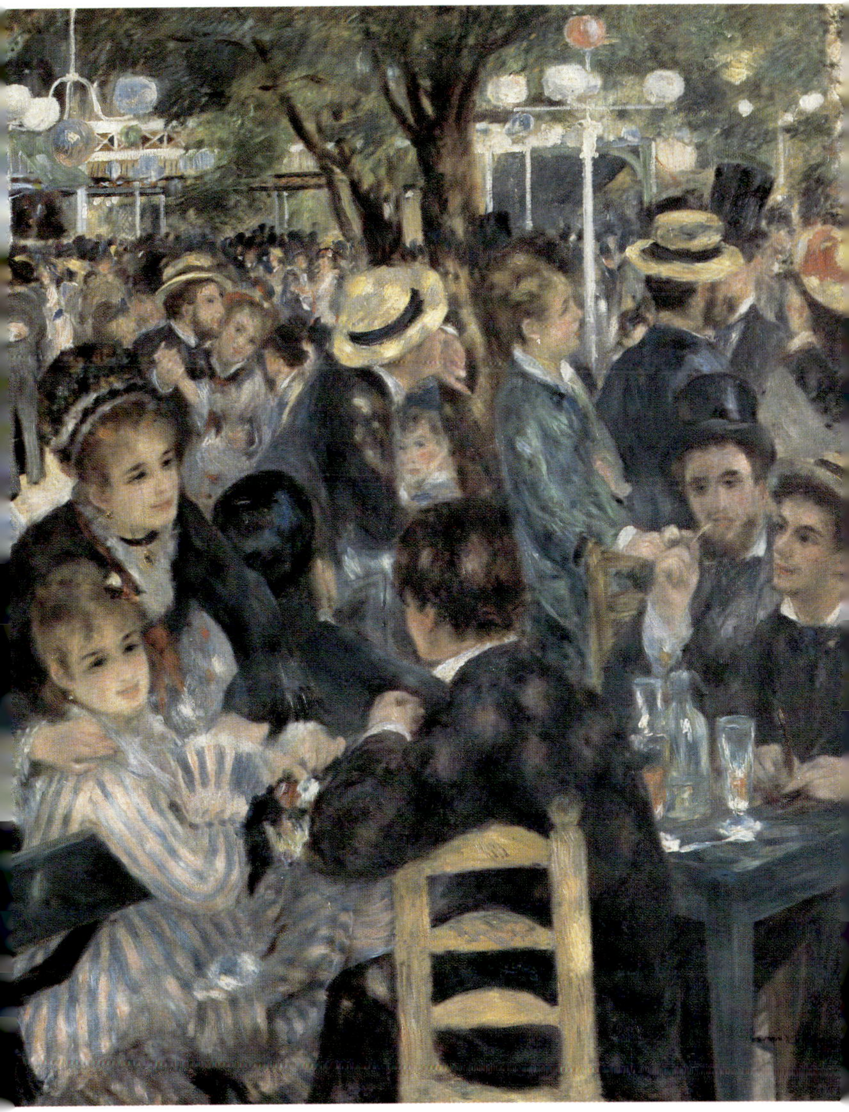

(1892). Maître dans les thèmes de la nature morte et du portrait* d'enfants, Renoir accordait aussi une importance grandissante au nu* féminin. Il se fixa à Cagnes en 1903. Sur le conseil du marchand Vollard, il s'essaya à la sculpture [33]. Les *Baigneuses* (vers 1918-1919) sont l'unes de ses dernières compositions peintes. SP

« Ce tableau charmant [...] une des œuvres les meilleures de Renoir a été acheté par M. Caillebotte qui ne voudrait pas l'échanger contre la Vénus *de Bouguereau. »*

À propos du *Bal au Moulin de la Galette* et de la *Vénus* de Bouguereau (ill. p. 101), l'*Artiste*, juillet 1879.

REPAS

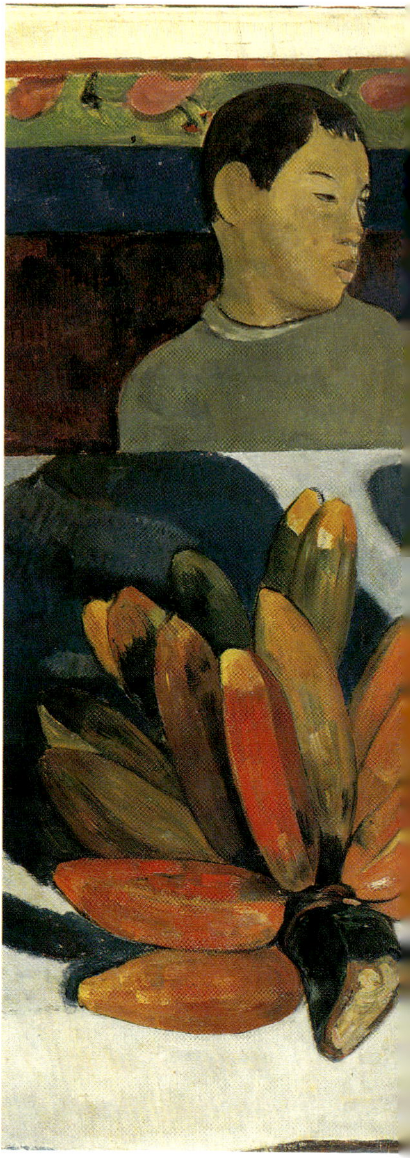

Paul Gauguin,
Le Repas ou *Les Bananes*,
1891. Huile sur papier marouflé sur toile, 73 × 92.

En mars 1891, Gauguin* obtint une mission du ministère de l'Instruction publique et des beaux-arts pour étudier « au point de vue de l'Art et des tableaux à en tirer » les coutumes et les paysages de Tahiti. Se confiant à Jules Huret dans *L'Écho de Paris*, avant son départ, il exprime sa quête à la fois spirituelle et artistique : « Je pars pour être débarrassé de l'influence de la civilisation. Je ne veux faire que de l'art simple, très simple. »
Dans les premières lettres qu'il envoie en France, il dit son émerveillement et son étonnement devant le silence et le hiératisme des Tahitiens. *Le Repas* témoigne d'une filiation encore forte avec la culture occidentale et l'œuvre de Gauguin avant son départ pour Tahiti : la nature morte, la nappe aux plis profonds, le cerne noir des motifs gardent le souvenir de l'art de Cézanne*, que Gauguin avait rencontré et dont il collectionnait les œuvres. Certaines compositions de la période bretonne cherchaient déjà une juxtaposition de la figure humaine et de la nature morte (*Nature morte au*

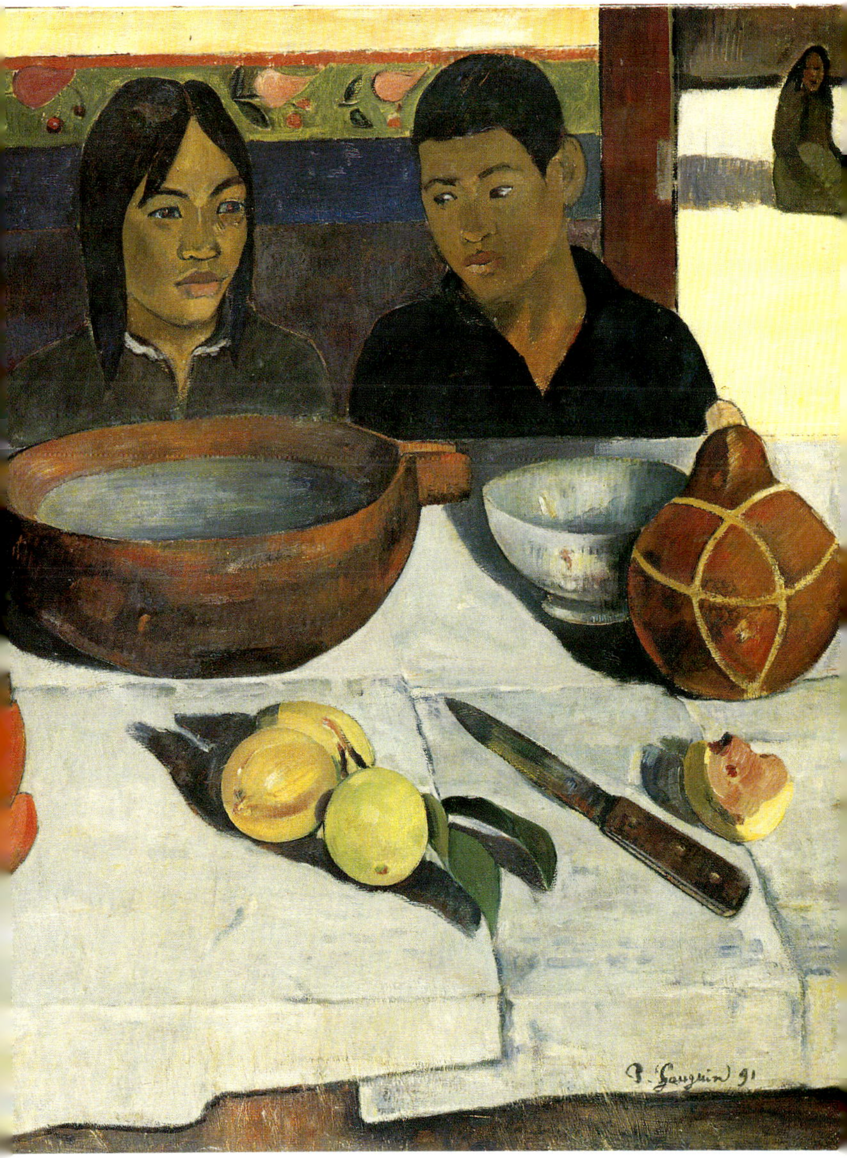

profil de Laval, 1886, collection particulière). Les Tahitiens, pour lesquels on connaît plusieurs dessins préparatoires, sont représentés comme dans les frises de personnages des reliefs égyptiens, que Gauguin avait étudiés. Au cours de son premier séjour tahitien, Gauguin avait pratiqué la sculpture sur bois, sculptant notamment une coupe semblable à celle qui figure au centre de la table.

Le Repas apparaît comme une œuvre de transition, où l'artiste n'a pas encore trouvé, dans sa quête de la civilisation primitive, la pleine expression de l'exotisme et de l'érotisme (ici allusif et ambigu) qui lui sera révélé, plus que par cette civilisation déjà occidentalisée, par les récits ethnographiques de Moerenhout, *Voyages aux îles du Grand Océan*, et dans les anciens mythes maoris. MPS

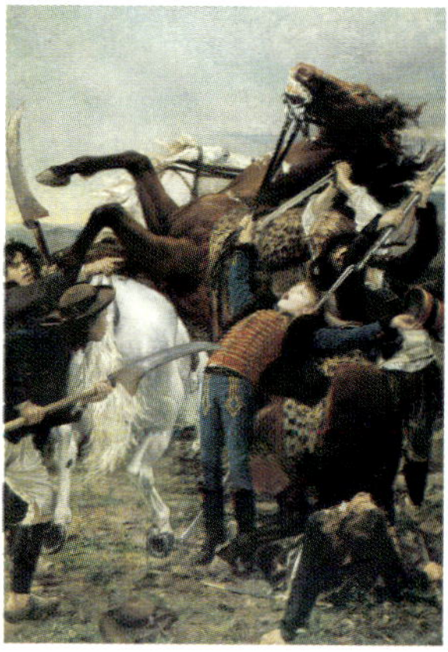

Jean Joseph Weerts, *La Mort de Joseph Bara*, 1883. H/t 350 × 250.

République (images et symboles)

En 1879, la République qui s'installe définitivement en France doit rallier les derniers partisans des monarchies et empires, construire, au-delà des diversités régionales, la Nation républicaine, et donc former le citoyen. Elle va faire tout cela en développant, entre autres moyens, une politique de l'image* qu'elle impose des pages des manuels scolaires aux murailles des édifices publics, de la rue au musée, de l'image d'Épinal aux peintures et sculptures, par l'achat ou la commande. Ces images sont celles des grands hommes de la République (Gambetta, Carnot...), des Sciences et des Lettres (Hugo et Pasteur), d'une Histoire* qui la magnifie (ainsi *La Mort de Joseph Bara* de Weerts ou *La Marseillaise* de Pils, 1849), et surtout d'elle-même.

C'est alors que fut organisé par la Ville de Paris le concours qui fit naître le monument de la place de la République de Charles Morice et le *Triomphe de la République* de Dalou*. Le gouvernement rebaptisait ses rues, les peuplait de statues, dont l'un des meilleurs exemples est le monument élevé à Gambetta par Aubé, dont le musée possède la belle et majestueuse esquisse. Il acheta aussi et envoya à travers la France des œuvres d'artistes vivants, à des fins de mécénat mais aussi pour diffuser sa politique (des copies du *Serment du Jeu de paume* d'après Couder ou des *Enrôlements des Volontaires* d'après Vinchon furent distribuées dans les mairies au même titre que les bustes de Marianne), et mieux souder la Nation. CG

Réserves

Les réserves intriguent souvent les visiteurs des musées, qui les imaginent (à tort) remplies de chefs-d'œuvre. Celles du musée d'Orsay couvrent 3400 m^2 en sous-sol. Elles ont reçu des aménagements spéciaux : systèmes de sécurité anti-intrusion, anti-incendie et anti-inondation, climatisation maintenant une température et un taux d'humidité adaptés aux différents matériaux constitutifs des œuvres, monte-charges permettant la manutention des tableaux, des sculptures et des objets d'art les plus volumineux, parking accessible aux poids lourds, larges couloirs de circulation.

La réserve des peintures de grands formats est la plus spectaculaire, avec son haut plafond. Une aire de transit permet l'examen et le stockage avant et après les expositions temporaires. Les sous-sols contiennent aussi du matériel muséographique : socles, vitrines... Des locaux adaptés permettent aux spécialistes (restaurateurs, menuisiers, métalliers) de traiter les œuvres et de réparer le matériel défectueux. EH

Restaurant (salle du)

Voir Gare d'Orsay

Rodin (Auguste)

[*terrasses Rodin et Lille*]
De formation non académique, Rodin (1840-1917) doit travailler longtemps comme ornemaniste avant d'être reconnu pour ses œuvres personnelles. En 1877, on l'accuse d'avoir moulé *L'Âge d'airain* sur nature. Il faudra le *Saint Jean-Baptiste* du Salon de 1880 pour faire taire les médisants. Les deux œuvres sont achetées par l'État. Désormais saturé de commandes publiques et privées, surtout des portraits mondains (*Madame Vicuña*, 1888), Rodin fait tailler des marbres par des praticiens et éditer des bronzes par des fondeurs.
Les scandales ne manquent pas, comme pour le *Monument à Balzac* (1897), refusé par son commanditaire. Rodin a en effet supprimé les accessoires de l'écrivain (parchemin, plume, livres) pour ne garder que sa fameuse robe de chambre et se concentrer sur l'expression du visage. Mais *Le Baiser* et *Le Penseur* (musée Rodin) rendent le sculpteur universellement célèbre.
S'il convient aujourd'hui de le replacer dans son époque, il reste qu'il a ouvert la voie à la sculpture moderne par ses procédés nouveaux (*La Porte** *de l'Enfer*), ses déformations (*Mouvements de danse*, 1911), ses surfaces brutes (*La Pensée*), sa description tourmentée des passions humaines (*Fugit amor*, 1881). EH

Auguste Rodin, *La Pensée* (détail), 1886-1889. Marbre, 74,2 × 43,5 × 46,1.

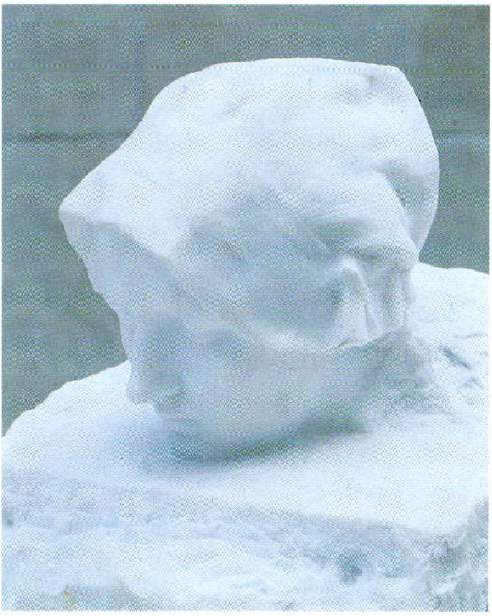

ROMANTISME
Le refus du beau idéal

En 1850, le grand élan romantique qui embrasa l'Europe intellectuelle et artistique dès la fin du XVIIIe siècle appartenait déjà à l'histoire des idées et du goût. Le triomphe du sentiment et de l'imagination, notamment grâce à des sources littéraires renouvelées – Dante, Shakespeare – et de nouvelles références esthétiques – le Moyen Âge et l'Orient – sont désormais acceptés. Cependant, certaines de leur traduction les plus expressives ne seront vraiment assimilées que plus tard dans le siècle, comme *L'Ophélie* de Préault*, fondue seulement en 1876 (ill. p. 14).
Touchant à sa fin au milieu du siècle, le romantisme n'est évoqué au musée d'Orsay que par quelques œuvres significatives de certains de ses plus éminents interprètes tels Delacroix* et Chassériau* en peinture ou Préault, Rude* et Barye en sculpture. En peinture, il s'agit notamment de rappeler l'influence directe de ces artistes, dans leur approche de la couleur, sur la génération impressionniste*. D'une manière plus diffuse il existe aussi un esprit romantique dont on retrouve les échos loin dans le siècle, principalement dans certaines composantes du symbolisme*, comme en témoigne l'œuvre de Moreau*. LDC

59 ROUE DE LA FORTUNE

Edward Burne-Jones (1833-1898) est avec Morris* le principal artiste du second groupe préraphaélite. En dehors de quelques leçons informelles reçues de Dante Gabriel Rossetti, Burne-Jones apparaît comme un autodidacte, et la première partie de sa carrière consiste essentiellement en des dessins et des aquarelles d'inspiration romantique* et littéraire. Puis, après plusieurs voyages en Italie et sur les conseils de John Ruskin, Burne-Jones commence à développer un style plus personnel où l'esthétique néo-médiévale s'enrichit de son intérêt pour les maîtres de la Renaissance.

En 1870 il conçoit le projet d'un triptyque consacré à l'histoire de Troie. Si celui-ci reste à l'état d'ébauche, il fournit à l'artiste de nombreux sujets d'œuvres autonomes comme *La Roue de la Fortune*, conçue à l'origine pour un des petits panneaux décoratifs de la prédelle. Des différentes versions que Burne-Jones donnera de ce thème, celle du musée d'Orsay est la plus grande et la plus aboutie.

L'incertitude de la destinée humaine soumise aux caprices de la Fortune est ici symbolisée par, de bas en haut, les figures d'un poète, d'un roi et d'un esclave. Le langage formel que le peintre choisit pour traduire ce thème procède d'une référence directe à l'art de Michel-Ange (précisément aux *Esclaves* du Louvre et aux *Sibylles* de la chapelle Sixtine). Les accords métalliques de la gamme colorée renforcent la puissance plastique des figures, tandis que son raffinement et son irréalisme soulignent le caractère profondément intellectuel de l'œuvre. *La Roue de la Fortune* est un tableau qui souscrit parfaitement au mot d'Henry James, définissant la peinture de Burne-Jones comme un art « de culture, de réflexion et de luxe intellectuel ».

Ce chef-d'œuvre, immédiatement célèbre lors de son exposition à la Grosvenor Gallery en 1883, contribua beaucoup à la renommée européenne et particulièrement française de Burne-Jones. Ainsi en 1891 Puvis* de Chavannes voulut, sans succès, l'exposer au Salon de la Société nationale des beaux-arts. Loin d'un sentimentalisme éthéré trop souvent associé à son art, Burne-Jones donne ici une des plus belles expressions de la force de sa vision esthétique et poétique, qui trouva un écho considérable dans les cercles symbolistes*. LDC

Sir Edward Coley Burne-Jones,
La Roue de la Fortune, 1883.
H/t 199 × 100.

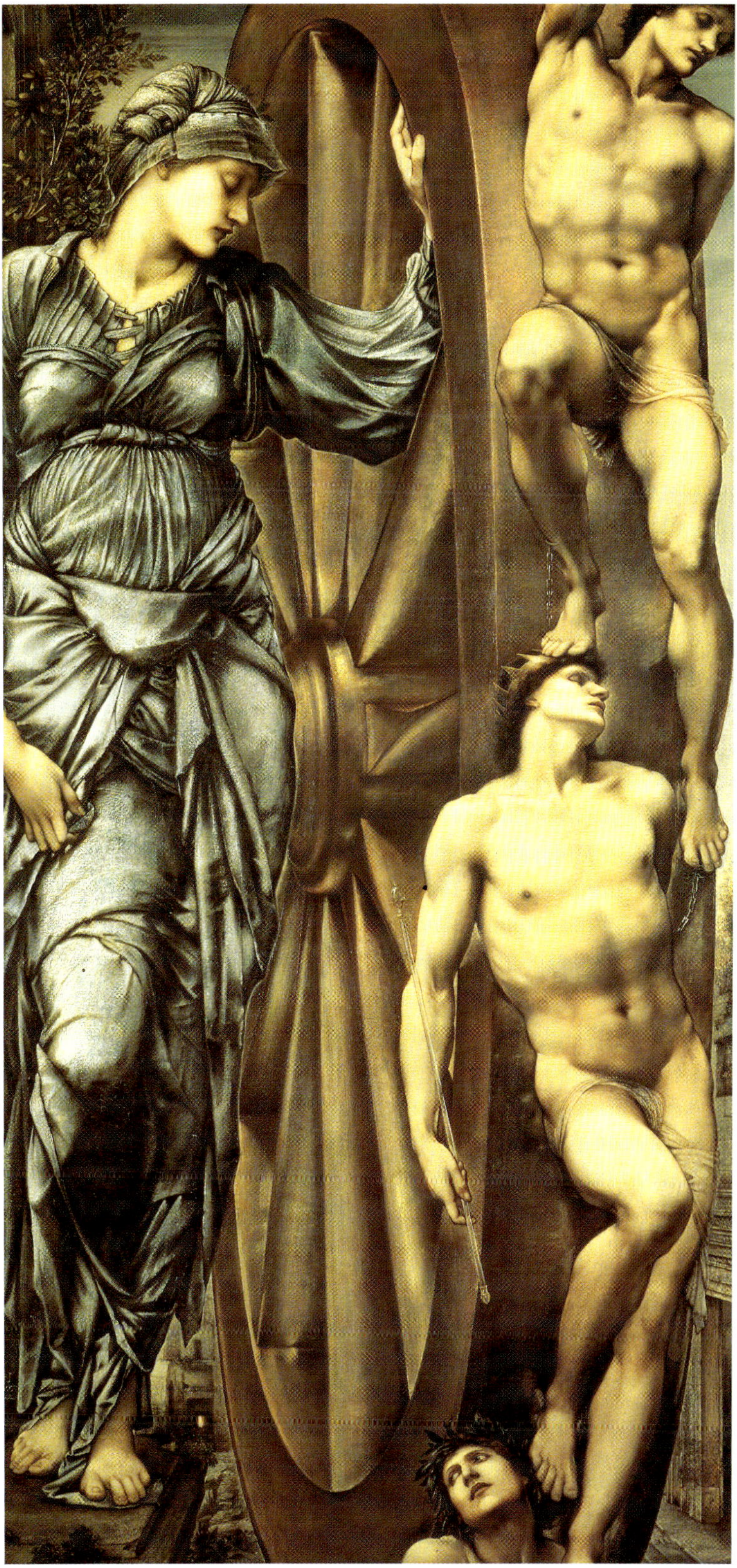

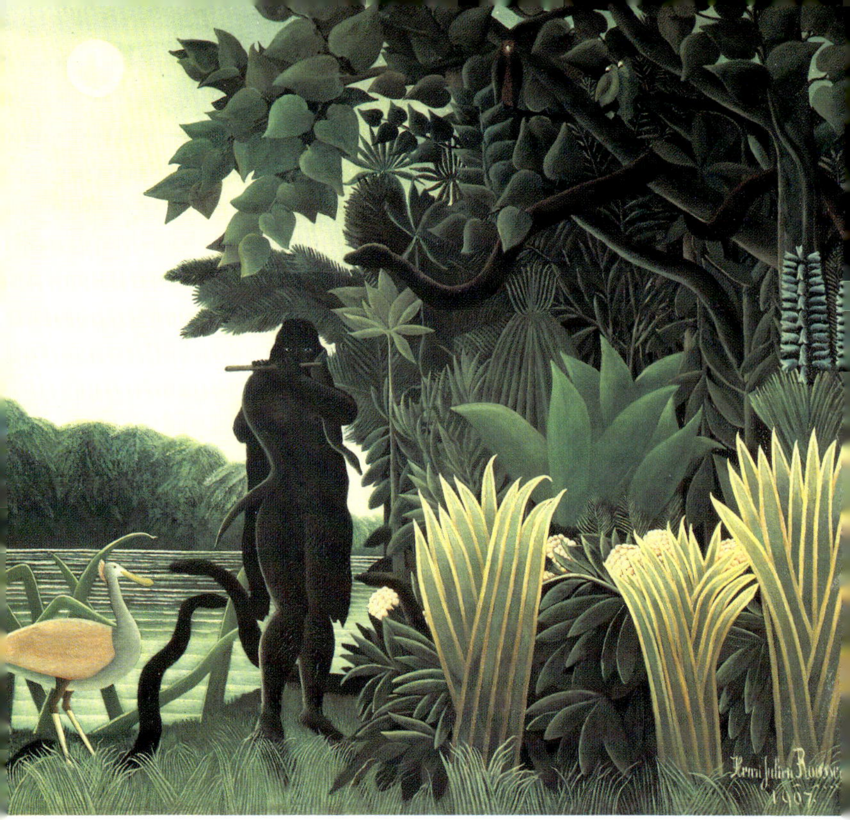

42 Rousseau (Henri dit Le Douanier)

Peintre autodidacte, Rousseau (1844-1910) prit sa retraite de commis à l'octroi de Paris en 1893. *La Guerre* (1894) démontre d'emblée la profonde originalité de son esthétique, en partie explicable par les modèles de l'imagerie populaire. Il exposa durant toute sa carrière au Salon des Indépendants, mais fut surtout révélé au Salon d'Automne de 1905, avec les Fauves*. La personnalité ambiguë du peintre, comme son œuvre avant 1900, demeurent assez mal connus. Il a fréquenté l'avant-garde parisienne, Apollinaire, Picasso, Jarry, mais aussi les artistes académiques, comme Gérôme*. Vers la fin de sa carrière, il se montre très sensible dans ses grands formats à un exotisme imaginaire, fantastique et poétique, notamment dans *La Charmeuse de serpents*, présenté au Salon d'Automne de 1907. MPS

Le Douanier Rousseau, *La Charmeuse de serpents*, 1907. H/t 169 × 189.

Rude (François)

Rude est né en 1784, soit bien avant les artistes exposés au musée d'Orsay ; il est mort en 1855. Il fallait pourtant l'y intégrer, ne serait-ce que parce qu'il a été le maître de Carpeaux*.

À son entrée, le visiteur est accueilli par le *Génie de la Patrie*, un moulage précieux car pris en 1887 sur l'arc de Triomphe de la place de l'Étoile à Paris. *Le Départ des Volontaires en 1792*, que chacun connaît sous le nom de *Marseillaise*, a été dévoilé en 1836. C'est l'œuvre romantique* par excellence,

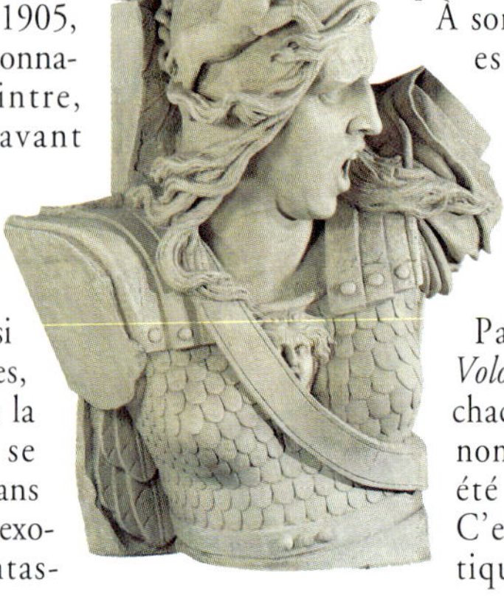

avec sa tête hurlante et son mouvement puissant. Au début de la nef se dresse l'étrange modèle en plâtre du *Napoléon s'éveillant à l'immortalité*, daté de 1847. L'aigle impérial, échoué sur le rocher de Sainte-Hélène baigné par les flots, a brisé ses chaînes ; l'empereur soulève son linceul. L'impression première est celle d'un monument bloc, qui aurait été prélevé tel quel dans la nature.
Cette œuvre a été commandée en bronze par un certain Noisot, ancien capitaine des grenadiers à l'île d'Elbe, pour le parc de sa propriété à Fixin en Côte-d'Or. Elle sert d'introduction idéale à la sculpture du XIXe siècle, si prolixe en monuments aux grands hommes, au premier rang desquels Napoléon Ier. EH

Salon (Peinture de)

Jusqu'au début des années 1880 le Salon reste l'événement artistique annuel ou bisannuel, le lieu privilégié de la rencontre du public avec la peinture contemporaine. Inscrit au cœur de la vie culturelle institutionnelle, il est de ce fait le garant du respect de critères thématiques et stylistiques hérités de l'enseignement académique : attachement à un métier traditionnel, pratique d'une peinture finie et précise, lisibilité du sujet et respect des principes narratifs.
Ce système fondé sur la hiérarchie et la partition entre genres distincts et souvent spécialisés place la peinture d'histoire au sommet. De la réussite dans ce genre dépendent les récompenses honorifiques, l'enseignement à l'École des beaux-arts, les commandes et les achats de l'État. Parmi les artistes qui continuèrent à souscrire au respect de ces règles et qui accédèrent aux plus hautes reconnaissances officielles on peut citer Cabanel (voir *La Naissance de Vénus*) et Bouguereau.
Mais il convient aussi de rappeler l'importance de ce contexte pour les artistes de la Nouvelle Peinture comme Manet*, Renoir* et Degas*, qui n'auront de cesse, à leurs débuts, d'exposer au Salon afin d'accéder à la reconnaissance critique et publique. Et si les impressionnistes*, en décidant d'organiser leurs propres expositions, ébranlèrent sensiblement l'édifice académique, ce sont sans doute, à partir des années 1880, le développement du commerce d'art et la multiplication des groupements d'artistes indépendants qui ont définitivement marginalisé l'art du Salon. LDC

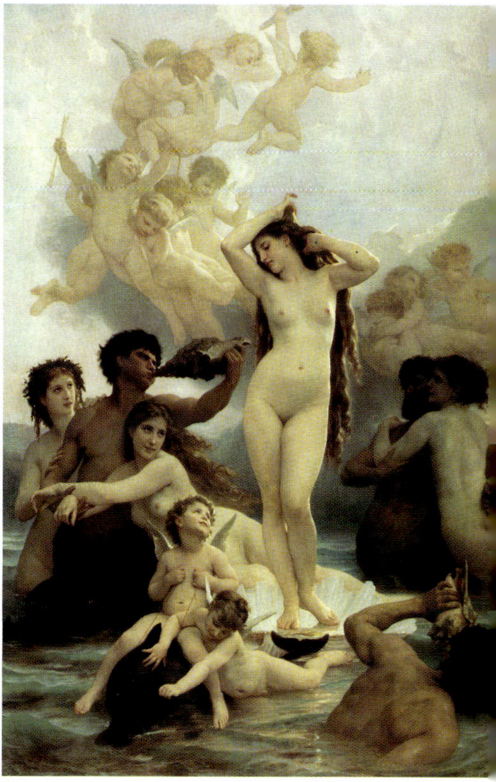

William Bouguereau, *La Naissance de Vénus*, 1879. H/t 300 × 215.

François Rude, *Génie de la Patrie*, 1887. Buste en plâtre, 224 × 196 × 90.

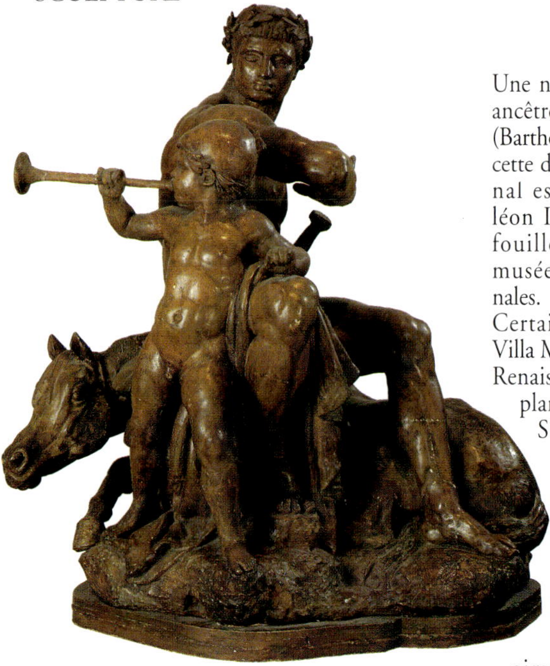

Antoine-Louis Barye, *La Guerre*, 1855. Modèle au tiers, plâtre teinté, 105 × 62 × 91.

Sculpture : les maîtres du Second Empire (1852-1870)

S'il est abusif de parler d'« art officiel » ou de « style Napoléon III », il reste qu'une propagande impériale s'exprime par des monuments publics consacrés à l'empereur et à son oncle illustre (esquisses et maquettes de Barye, Cugnot et Guillaume). Barye vante les bienfaits du nouveau régime dans ses décors pour le Louvre (*La Guerre*, *La Paix*, *La Force* et *L'Ordre*, 1854-1856).

L'Antiquité gréco-romaine, référence obligée de tout élève de l'École des beaux-arts, correspond aussi à la politique césariste de l'empereur. Les poètes antiques scandent la nef du musée, figés dans des marbres parfaitement polis et blancs (Pradier, *Sapho*, 1852 ; Guillaume, *Anacréon*, 1851 ; Thomas, *Virgile*, Salon de 1861). L'austérité morale est de rigueur dans l'œuvre de Guillaume, sculpteur académique s'il en fut. Une nouvelle référence à « nos ancêtres les Gaulois » apparaît (Bartholdi, *Vercingétorix*, 1901) : cette découverte du passé national est favorisée par Napoléon III, qui suit de près les fouilles d'Alésia et ouvre le musée des Antiquités nationales.

Certains pensionnaires de la Villa Médicis se tournent vers la Renaissance florentine : Delaplanche (*Ève après le péché*, Salon de 1870) assimile l'art puissant de Michel-Ange ; les bronzes de Dubois, Falguière et Moulin s'inspirent des garçons graciles de Verrocchio ou Jean de Bologne.

Il en résulte un art aimable, comme dans le *Chanteur florentin* de Dubois (1865). Mais ces artistes n'égalent pas Carpeaux*. EH

43 Sérusier (Paul)

Élève à l'académie Julian, Sérusier (1863-1927) y côtoie les Nabis* et aura auprès d'eux un rôle essentiel dans la diffusion de l'esthétique de Gauguin*. En 1888, au bois d'Amour de Pont-Aven*, il recueille la leçon de Gauguin en peignant sous sa direction *Le Talisman*. Après le départ de ce dernier pour Tahiti, il continue à vivre dans l'arrière-pays breton, à Huelgoat, où fut peinte l'*Ève bretonne* (vers 1891) ; il demeure très marqué par l'influence de Gauguin et le japonisme* (*L'Averse*, 1893) – sa chambre était décorée d'estampes japonaises –, et s'inspire des traditions et du primitivisme de la Bretagne rurale (*La Lutte bretonne*, 1893).

Proche d'Albert Aurier, passionné de théosophie, de philosophie et de théologie, notam-

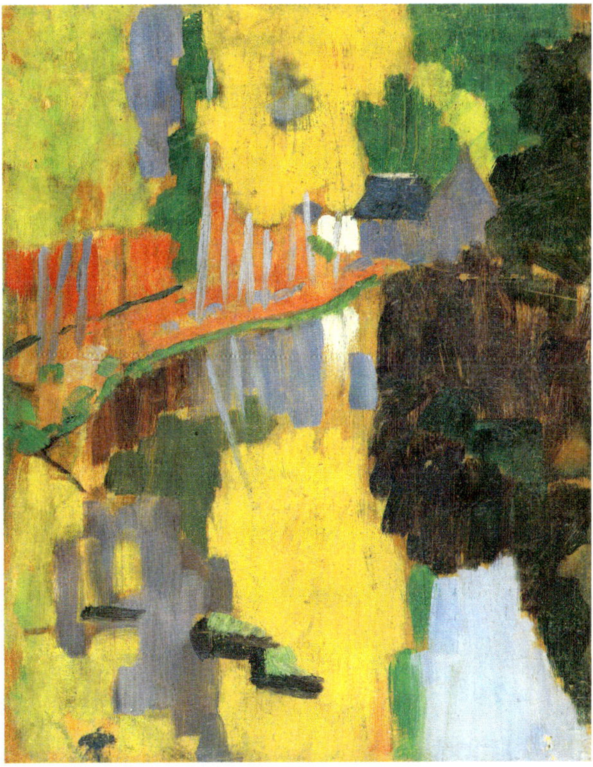

Paul Sérusier, *Le Talisman*, 1888. H/ b 27 × 21.

ment sous l'influence du prêtre catholique Desiderius Lenz, l'art de Sérusier est lié à sa quête spirituelle et à sa réflexion théorique. Malgré son rôle essentiel dans le mouvement Nabi, Sérusier est resté proche de l'esthétique de Pont-Aven tard dans sa carrière, alors que les autres Nabis évoluèrent en s'en détachant plus nettement. MPS

45 **Seurat (Georges)**
Élève d'Henri Lehmann à l'École des beaux-arts de Paris, Seurat (1859-1891) étudia dans sa jeunesse les maîtres classiques et les modèles antiques ; la lecture de théories esthétiques et scientifiques sur la couleur, en particulier celles de Chevreul et de Rood, le conduisirent à adopter le divisionnisme*. En 1879, il avait été marqué par les œuvres présentées à la quatrième exposition impressionniste*, et ses premières compositions témoignent d'une filiation certaine avec l'art impressionniste, mais Seurat médite aussi l'œuvre de Millet* ou de Puvis* de Chavannes. *Une baignade à Asnières* (Salon des Indépendants de 1884, Londres, National Gallery) ou *Un dimanche après-midi à l'île de la Grande Jatte* (Salon des Artistes Indépendants de 1886, Chicago, Art Institute ; étude à Orsay) manifestent la profonde originalité de son esthétique, en rupture avec l'impressionnisme, et il s'affirma alors comme le maître à penser du néo-impressionnisme. Son art évolua, notamment sous l'influence de l'interprétation des théories sur la ligne de Charles Henry (voir *Cirque*). MPS

39 SIESTE

Lors de son séjour à Saint-Rémy-de-Provence de mai 1889 à mai 1890, Van Gogh* se fait interner à l'asile Saint-Paul de Mausole. Entre les crises nerveuses, le travail est intense. Il entreprend notamment de copier d'après des gravures les maîtres qu'il admire le plus : Rembrandt, Delacroix*, Daumier* et surtout Millet*. Ce dernier est en effet une des grandes inspirations de Van Gogh, qui voit dans la vie et l'œuvre du peintre français un modèle qu'il ne cesse de méditer. À Saint-Rémy, il exécute pas moins de vingt-quatre copies, reprenant parfois des compositions qu'il avait déjà étudiées en 1880, de celui qu'il considérait alors comme « un peintre plus moderne que Manet* ».

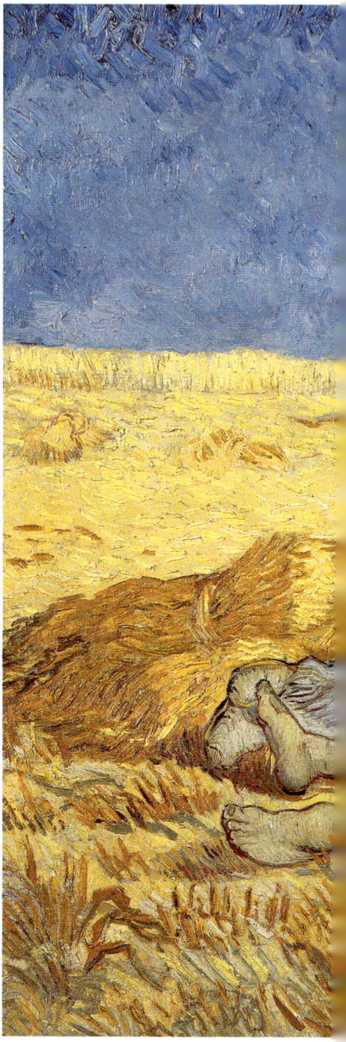

La Méridienne ou *La Sieste* trouve précisément son modèle dans la série des *Quatre heures de la journée* gravée sur bois par Lavieille. Vincent explique alors à son frère Théo : « Plus j'y réfléchis plus je trouve que cela ait sa raison d'être de chercher à reproduire des choses de Millet, que celui-ci n'a pas eu le temps de peindre à l'huile... C'est plutôt traduire dans une autre langue, celle des couleurs, les impressions de clair-obscur en blanc et noir. »

Le projet esthétique est donc clair : continuer l'œuvre de Millet dans sa propre écriture picturale. Fidèle à la composition originale jusque dans les détails de la nature morte du premier plan, Van Gogh fait pourtant complètement sienne cette scène de repos qui symbolise chez Millet la France rurale des années 1860. Cette retranscription personnelle se fait essentiellement par une construction chromatique fondée sur le contraste des couleurs complémentaires bleu et jaune. Et malgré le caractère apaisant du sujet on retrouve l'admirable et unique intensité de l'art de Van Gogh, qui faisait écrire en janvier 1890 à l'un de ses premiers défenseurs, Albert Aurier : « C'est la nature toute entière tordue frénétiquement, paroxysée, montée aux combles de l'exacerbation. » LDC

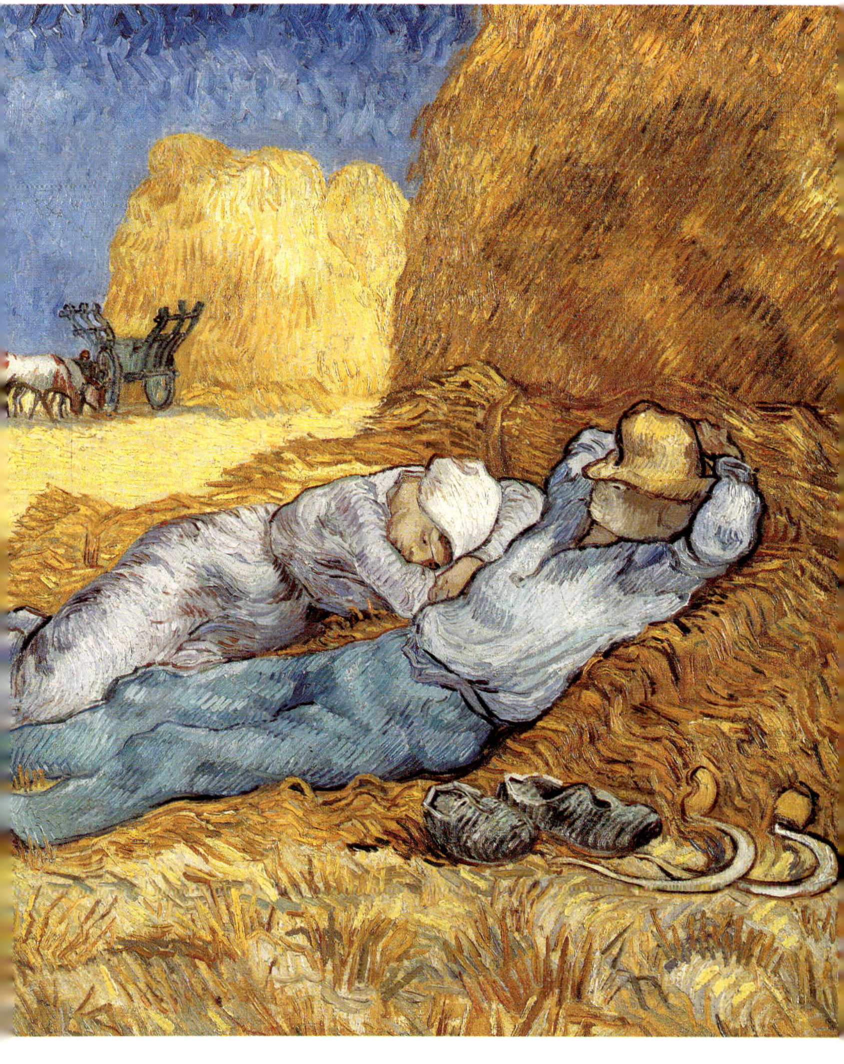

Vincent Van Gogh,
La Méridienne ou *La Sieste*,
1889-1890. H/t 73 × 91.

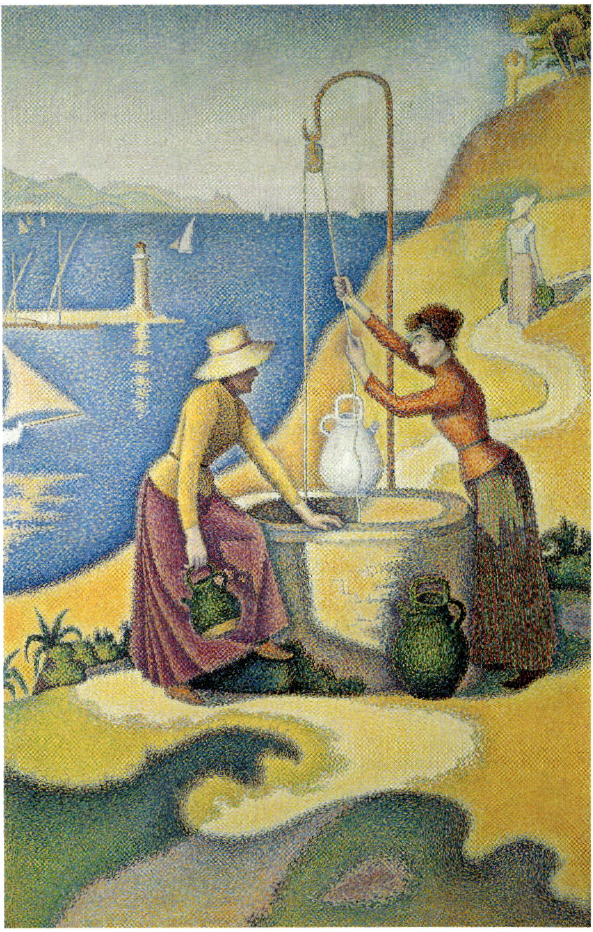

Paul Signac,
Femmes au puits,
1892.
H/t 195 × 131.

46 **Signac (Paul)**

Formé au début des années 1880 dans la mouvance des impressionnistes* (*La Route de Gennevilliers*, 1883), Signac (1863-1935) fut admis à présenter ses toiles à la dernière exposition du groupe en 1886.

Profondément marqué par sa rencontre avec Seurat* en 1884, au moment de la création de la Société des Artistes Indépendants, il adopta le divisionnisme*, dont il formalisa l'esthétique dans *D'Eugène Delacroix au néo-impressionnisme* (1899). Les complexes théories mathématiques de Charles Henry sur les rythmes et les lignes orientèrent aussi ses recherches. Au début des années 1890, après la mort de Seurat, il voyagea beaucoup et séjourna régulièrement à Saint-Tropez; les paysages de la Méditerranée lui inspirèrent des œuvres intensément lumineuses, comme *Femmes au puits* ou *La Bouée rouge* (1895).

À la fin des années 1890, sa technique évolua, devenant plus libre, moins contrainte (*Le Château des Papes, Avignon*, 1900).

En 1904, Matisse* s'initia auprès de lui au néo-impressionnisme; les thèmes hédonistes de Signac, ses réflexions sur l'arabesque le marqueront. MPS

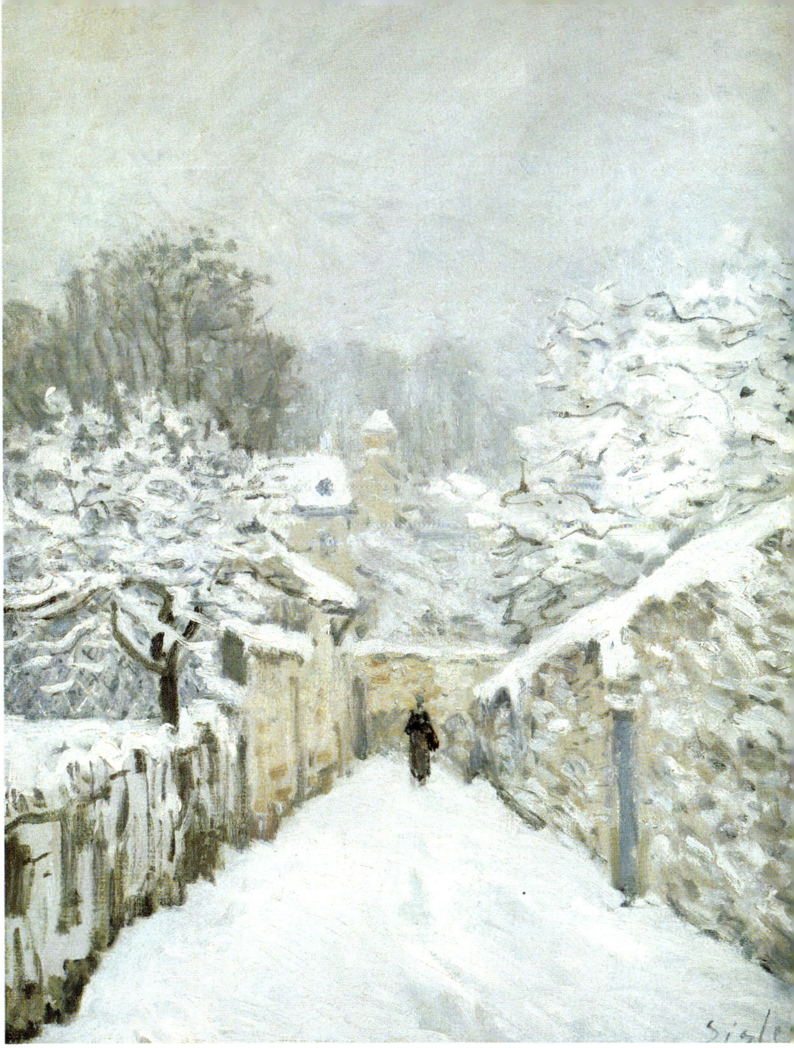

Alfred Sisley, *La Neige à Louveciennes*, 1878. H/t 61 × 50.

32 **Sisley (Alfred)**

Sisley (1839-1899) fut le peintre de l'Île-de-France, mais Paris apparaît rarement dans son œuvre (*Vue du canal Saint-Martin*, Salon* de 1870).

Son sens de la construction, hérité de Corot*, l'amenait à respecter l'étagement des plans (*Chemin de la Machine, Louveciennes*, 1873) et sa fascination pour le ciel pourrait provenir des maîtres hollandais du XVIIe siècle.

Ses qualités d'harmonie sont attribuées à ses origines anglaises et à des séjours outre-Manche (*Les Régates à Molesey*, 1874) : la sensibilité de ses paysages l'inscrit dans la lignée de Constable et Turner. Partageant un attrait pour l'eau avec Monet*, il subit son influence mais se distingua de son ami par son respect de la structure des formes.

La campagne hivernale l'attirait ; après avoir participé à plusieurs des expositions impressionnistes*, il se retira dans la région de Moret qu'il immortalisa dans ses vues de Loing. Il fut le seul des impressionnistes à n'avoir pas connu le succès : en 1900, la grande *Inondation à Port-Marly* (1876) fut sa première œuvre à susciter des enchères élevées. SP

Émile René Ménard, *L'Âge d'or* (détail), 1908. H/t. Partie gauche d'un dyptique. Ancien décor de la salle des Actes de la Faculté de droit de Paris.

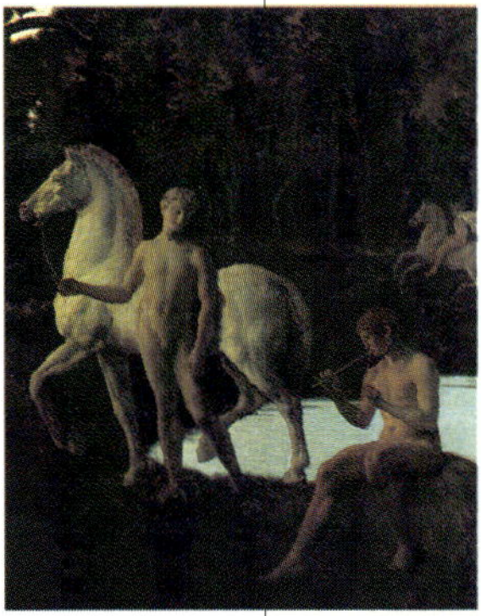

59 SYMBOLISME
Idée, idéal, idéalisme

Le manifeste symboliste de J. Moréas paru dans le *Figaro littéraire* en septembre 1886 constitua la première définition doctrinaire d'un mouvement, à l'origine essentiellement littéraire, qui toucha l'ensemble des arts dès la fin des années 1880, et pour lequel les références littéraires et philosophiques restèrent essentielles. En 1891, Albert Aurier définissait dans *Le Symbolisme en peinture* l'œuvre d'art symboliste comme une entreprise « idéiste […] synthétique, subjective et décorative ». L'iconographie symboliste exploite les références à toute une culture historique, scientifique, littéraire et musicale*, philosophique et ésotérique, en réaction contre le réalisme (voir Courbet) et le naturalisme* des années 1870. En France, Puvis* de Chavannes, Moreau* et Gauguin* ont été les initiateurs de la génération symboliste, qui a exploré des voies très différentes, l'art de Redon*, par exemple, ayant peu d'affinités avec le symbolisme pompier d'Edgar Maxence. En sculpture, Rodin*, Prouvé ou Lacombe explorent aussi des chemins très différents. Le symbolisme a été un mouvement d'avant-garde européen et, si la chronologie et les identités culturelles varient d'une nation à l'autre (le nationalisme a joué un rôle certain dans son essor), les échanges intellectuels, par exemple entre la France et la Belgique, et les références communes, comme la diffusion du wagnérisme, ont été essentiels. MPS

Thonet frères, *Chaise de bistrot n°14*. Hêtre courbé et cannage, h : 90 cm.

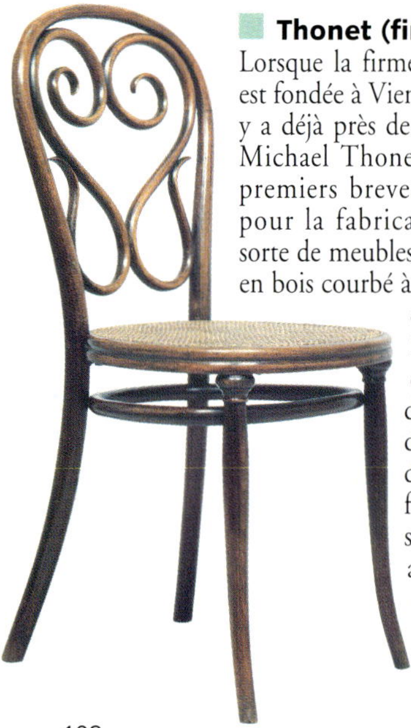

Thonet (firme)

Lorsque la firme Thonet frères est fondée à Vienne* en 1853, il y a déjà près de douze ans que Michael Thonet a déposé ses premiers brevets d'invention pour la fabrication de toute sorte de meubles à bon marché, en bois courbé à la vapeur et en contreplaqué.

Sa conception d'un mobilier démontable, dont les pièces détachées sont faites en série et simplement assemblées avec des vis, est à la source d'une prodigieuse réussite industrielle dont témoigne le grand catalogue de vente de 1904, publié en cinq langues : à elle seule, la fameuse chaise de bistrot n° 14 a été fabriquée en quarante-cinq millions d'exemplaires !

Au tournant du siècle, les architectes viennois commencent aussi à s'intéresser au mobilier de bois courbé : Loos, Siegel, Hoffmann dessinent de nouveaux modèles de sièges. Mais il appartient au maître de l'école de Vienne*, Otto Wagner, de fournir quelques uns des prototypes les plus parfaits du mobilier du XXe siècle, destinés à l'immeuble résolument moderne de la Postsparkasse (1904-1906). MB

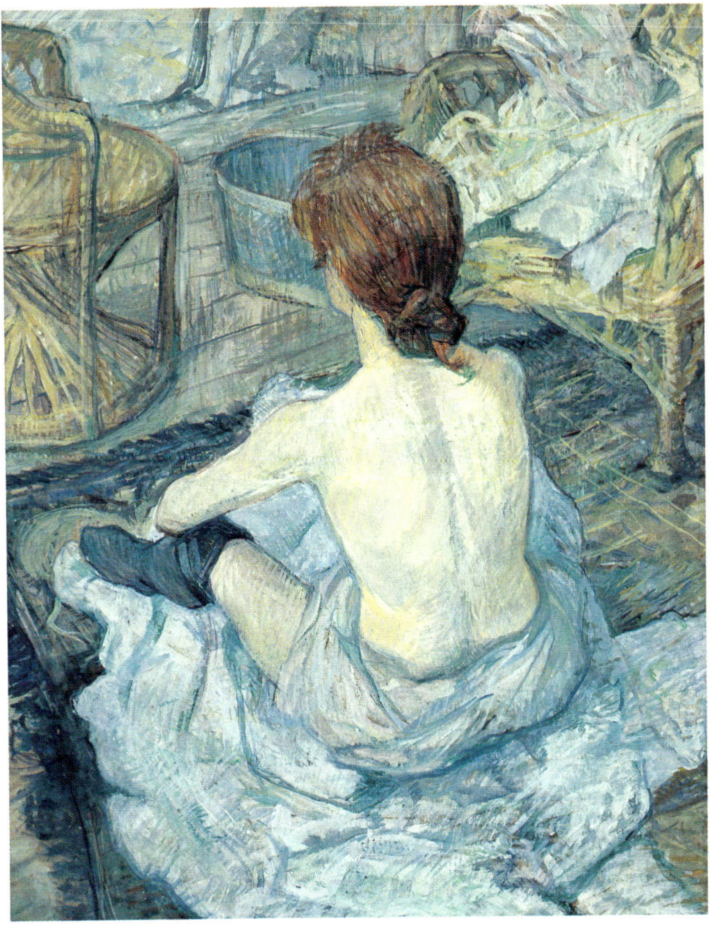

47 Toulouse-Lautrec (Henri de)

Toulouse-Lautrec (1864-1901) fut élève du peintre animalier René Princeteau, mais c'est essentiellement l'œuvre des impressionnistes*, surtout de Degas*, puis sa rencontre avec Van Gogh* qui déterminèrent son évolution. L'art japonais (il a lui même collectionné les estampes Ukiyo-E, voir Japonisme), puis à partir du début des années 1890 l'art des primitifs, la pratique concurrente de la gravure, de la lithographie et du dessin d'affiche marquèrent aussi ses orientations formelles et stylistiques. Observateur de la vie moderne parisienne, il transcrivit ses aspects populaires, nocturnes, festifs et ses déchéances. Habitué du Moulin Rouge, du Bal de la Galette, du Chat Noir, des cabarets et des maisons closes, il fit le portrait* de chanteurs, d'acteurs (*Henry Samary*, 1889) de danseurs (*Jane Avril dansant*, 1891), de gens du spectacle (*La Clownesse Cha-U-Kao*, 1895) ou de filles de joie (*Femme tirant son bas*, 1894) avec une force caricaturale et expressionniste, mais aussi un lyrisme certain.

Danseuse au Moulin Rouge, la Goulue (Louise Weber) commanda à Toulouse-Lautrec le décor de sa baraque de la foire du Trône, représentant *La Goulue et Valentin le désossé* et *La Danse mauresque* (1895). MPS

Henri de Toulouse-Lautrec, *La Toilette*, 1896. Huile sur carton, 67 × 54.

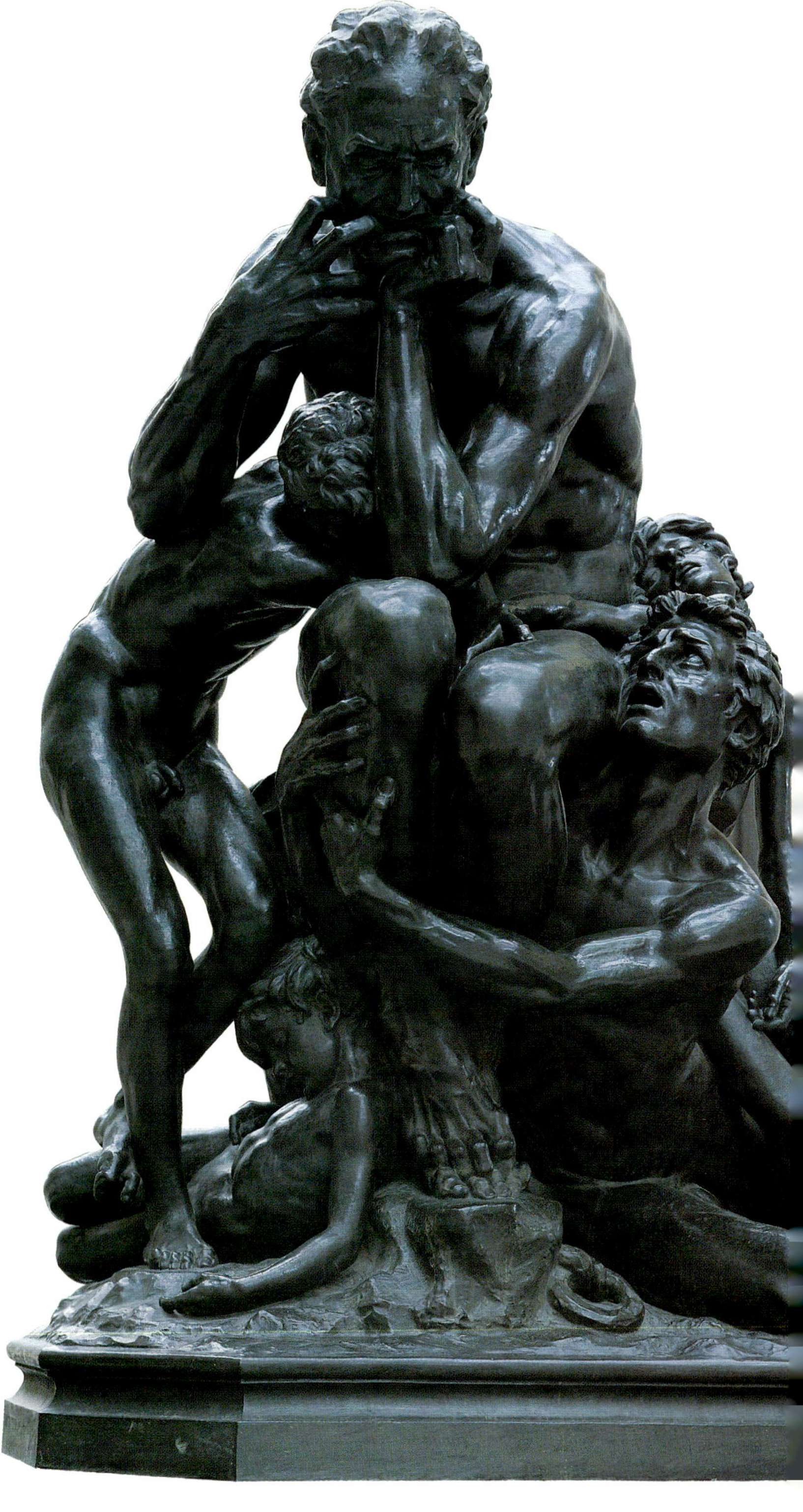

UGOLIN

L'envoi de fin de séjour de tout sculpteur pensionnaire à la Villa Médicis consiste en une statue ou un groupe de peu de personnages, illustrant un épisode de la Bible ou de l'histoire ancienne, que l'on modèle et taille dans le marbre en deux ans.

Or Carpeaux* multiplie les entorses au règlement : il crée un imposant groupe à cinq personnages et choisit un sujet médiéval, le récit des malheurs d'Ugolino della Gherardesca, tyran de Pise au XIIIe siècle, retracé par Dante dans le chant XXXIII de *L'Enfer*. Condamné par l'archevêque Ubaldini à être enfermé dans une tour avec ses enfants, Ugolin est tenaillé par la faim : « [...] je me mordis les mains de douleur, et mes enfants, croyant que c'était de faim, se levèrent tout à coup disant : " Oh père, il nous sera moins douloureux si tu manges de nous "... ». Ugolin finit par les dévorer avant de mourir à son tour. Carpeaux multiplie dessins et esquisses mais le directeur de la Villa, soutenu par Paris, s'oppose à son projet et lui interdit l'accès à son atelier. Il faut une intervention de ses amis de l'ambassade de France pour que soit levée l'interdiction et qu'il obtienne une prolongation de son séjour assortie d'une indemnité. En juin 1861, il reçoit la visite de Nieuwerkerke, le directeur des musées, qui admire l'œuvre achevée et lui promet un bloc magnifique. Mais l'accueil de la terre originale, qu'il ramène à Paris en février 1862, est plus froid : l'Académie trouve qu'Ugolin n'est pas assez « paternel » et que la composition pêche par un « défaut de clarté ». Le marbre fourni étant insuffisant, Carpeaux obtient la commande du bronze. Le groupe est présenté au Salon* de 1863 puis placé aux Tuileries. En 1904, il entre au Louvre ; en 1986, il est naturellement placé au musée d'Orsay.

Il est évident qu'avec ce groupe extraordinairement expressif (les mains et les pieds sont d'admirables morceaux de sculpture), Carpeaux a voulu rivaliser avec le *Laocoon* antique en montrant un père et ses enfants réunis dans un même supplice et en optant pour une composition pyramidale. Quant au rendu anatomique, fait de creux et de saillies, tout en tension et en puissance, il doit beaucoup à Michel-Ange. EH

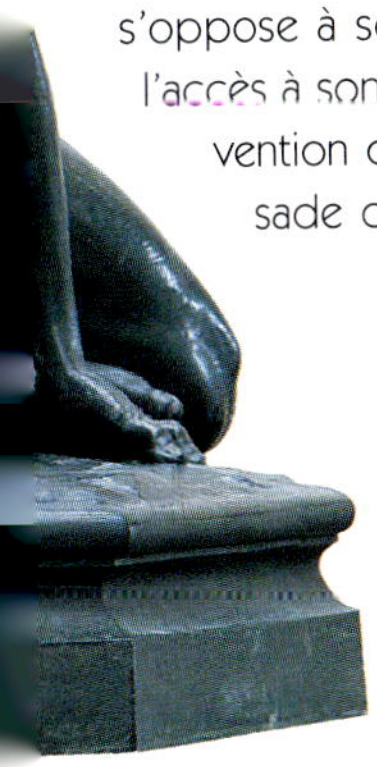

Jean-Baptiste Carpeaux,
Ugolin, 1862. Bronze, 194 × 148.

39 **Van Gogh (Vincent)**
Le musée d'Orsay offre une vision assez complète de la courte et intense carrière de Van Gogh (1853-1890). La période hollandaise est représentée par une *Tête de paysanne* (1884-1885), étude pour *Les Mangeurs de pommes de terre* (Amsterdam, Rijksmuseum Vincent Van Gogh, 1885) et une *Paysanne près de l'âtre* (1885) qui témoignent de sa prédilection pour les sujets humbles et de sa dette stylistique envers Rembrandt et Millet*.
En mars 1886 Vincent retrouve à Paris son frère Théo et découvre l'impressionnisme* et ses composantes plus contemporaines. *Le Restaurant de la Sirène à Asnières* (1887) et *L'Italienne* (1887) révèlent dans une synthèse très personnelle son adhésion à la couleur claire, parfois associée à une touche pointilliste* et à des mises en page japonisantes*.
Son brusque départ pour Arles, où il s'installe de février 1888 à mai 1889, lui permet de renouer avec des sujets champêtres dans une gamme chromatique inédite. La vision se fait plus intense et plus radicale avec *La Chambre de Van Gogh à Arles* (1889) ou, dans le domaine du portrait*, avec *Eugène Boch* (1888). Gauguin* le rejoint en octobre 1888, concrétisant très brièvement le rêve de Vincent d'une communauté d'artistes dans l'esprit japonais.
Les deux peintres peignent les mêmes modèles (*Madame Ginoux* dite *L'Arlésienne*, 1888) et Vincent reprend le synthétisme de Pont-Aven* dans *La Salle de danse à Arles* (1888). Mais, en proie à de terribles crises nerveuses, il se fait volontairement interner à Saint-Rémy-de-Provence. Dans une nature subjective et expressive, il retraduit les œuvres de ses maîtres, notamment dans *La Sieste**. Son questionnement incessant du monde trouve un ultime renouvellement dans les œuvres réalisées à Auvers-sur-Oise de mai à juillet 1890, comme le *Portrait du docteur Gachet* (1890) et *L'Église d'Auvers-sur-Oise* (1890). LDC

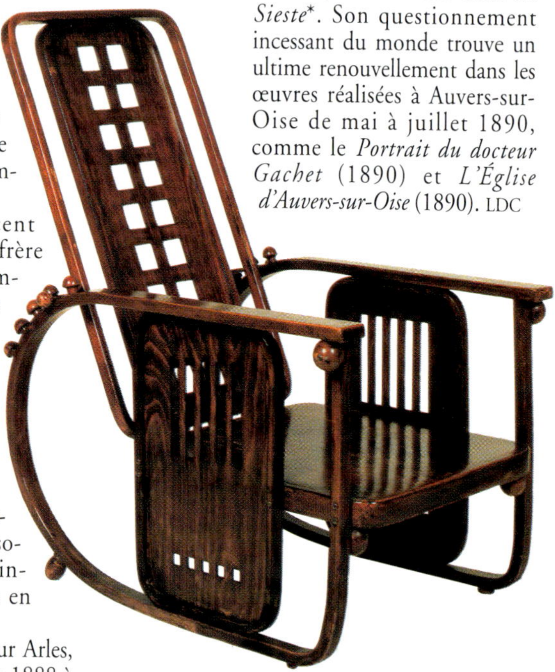

Joseph Hoffmann, *Fauteuil à dossier réglable*, v. 1908. Fabrication : firme Jacob et Josef Kohn. Hêtre courbé et contreplaqué, 110 × 62 × 83.

Vienne
Le 3 avril 1897 est fondée la Sécession viennoise, association de jeunes artistes – parmi lesquels les peintres Klimt, Moser, les architectes Olbrich, Hoffmann –, qui refusent l'académisme dominant et veulent introduire l'art moderne en Autriche. Dès 1898, la Sécession édite sa propre revue, *Ver Sacrum*, et fait ériger son pavillon où s'organisent des expositions. Ce mouvement d'avant-garde donne rapidement naissance à un style origi-

nal, qui brise la hiérarchie établie entre les beaux-arts et les arts mineurs : des allégories de Klimt aux affiches de Moser, des maisons patriciennes de Hoffmann aux objets familiers fabriqués en série, des bijoux raffinés aux jouets populaires, se dégage une remarquable homogénéité esthétique.

Le grand architecte Wagner, dans son enseignement à l'Académie des beaux-arts, est le premier à dégager les principes du mobilier contemporain ; dès 1898 il conçoit des meubles dont la forme, les matériaux et l'ornementation sont parfaitement accordés à la fonction et à la construction [28].

Sous son impulsion et celle de Hoffmann et Moser, le mobilier viennois moderne évolue, dans les années 1902-1906, d'un style privilégiant la planéité et les volumes pleins vers une conception spatiale qui tend à dégager la structure jusqu'à la plus extrême concision géométrique.

Centre de création et de production, la *Wiener Werkstätte* est fondée en mai 1903 par Moser et Hoffmann sur le modèle des guildes artisanales anglaises. Ce foyer artistique apparaît dans les années 1903-1907 comme un formidable laboratoire de conceptions nouvelles, au service cependant d'une esthétique très élitiste.

En marge de la Sécession, dont il critique dans ses chroniques polémiques le rigorisme excessif, Adolf Loos – qui souhaite maintenir un équilibre entre tradition et progrès – se fait l'ardent défenseur d'un fonctionnalisme mieux adapté aux conditions de vie moderne, et bien révélateur de son admiration pour le nouveau monde américain. MB

Viollet-le-Duc (Eugène Emmanuel)

Personnalité complexe et complète, Viollet-le-Duc (1814-1879) reste l'architecte le plus célèbre et le plus controversé. Violemment opposé à l'enseignement de l'École des beaux-arts et aux architectures des grands prix de Rome, il chercha à faire régner la raison sur la construction, le décor, la restauration des monuments anciens.

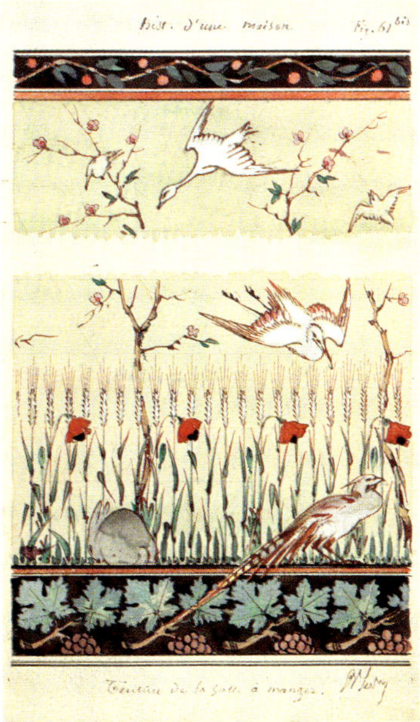

Eugène Emmanuel Viollet-le-Duc, *Projet de toile peinte* pour l'*Histoire d'une maison*, 1870-1873. Aquarelle.

L'église de la Madeleine à Vézelay est son premier coup de maître ; de 1843 à 1865, il travaille au chantier de Notre-Dame, avant de se consacrer à ceux d'Amiens, de Beaune, de Carcassonne... Pierrefonds reste sa plus étonnante restauration-création ; il complète ou termine les parties existantes, et exerce sa puissante imagination formelle sur le décor peint et sculpté, sur le mobilier d'inspiration gothique, faisant appel à la flore et à un bestiaire fantaisiste et humoristique. De cette

exceptionnelle appréhension de la culture médiévale vont naître les fameux *Dictionnaires*, véritables bibles des architectes et des décorateurs des XIXe et XXe siècles.
Enfin, dans ses *Entretiens sur l'architecture* (1863-1873), il prône le refus d'un décor superflu, le respect des matériaux et de leurs possibilités ; l'Art* Nouveau, de Guimard* à Sullivan, viendra y puiser. CM

James Abbott Whistler, *Variations en violet et vert*, 1871. H/t 61 × 35.

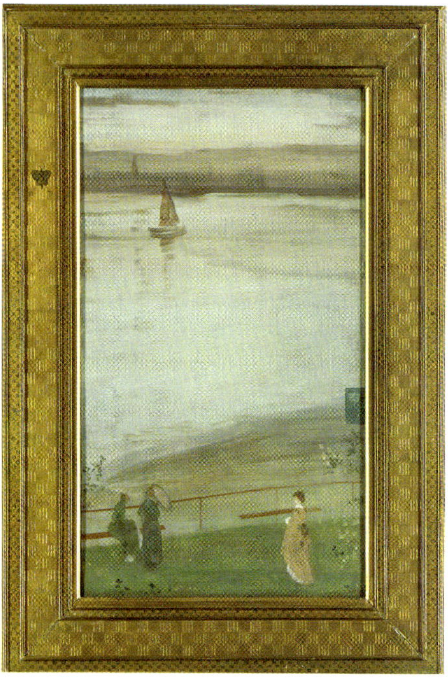

30 Whistler (James Abbott McNeill)

Bien que de nationalité américaine, Whistler (1834-1903) partagea sa carrière entre Paris et Londres. Inscrit à l'atelier de Gleyre à l'École des beaux-arts en 1856, il fonda deux ans plus tard la société des trois avec Legros et Fantin-Latour*. Ce dernier le place au centre de *L'Hommage à Delacroix* (Salon de 1864), aux côtés de Manet* et Baudelaire, marquant ainsi sa place dans l'avant-garde artistique parisienne. Il fut également proche de Courbet* qui l'appellera même « son élève ». *Arrangement en gris et noir, portrait de la mère de l'artiste* (1871) rappelle, ne serait-ce que dans son double titre, ses débuts réalistes déjà stylisés par une simplification de la ligne et une harmonie de tons neutres.
Désormais les œuvres de Whistler porteront toutes des sous-titres musicaux privilégiant la notion d'harmonie sur le sujet. Artiste raffiné, éminent représentant de l'Aesthetic movement, Whistler est un des interprètes les plus sensibles de la vogue pour les arts de l'Extrême-Orient, notamment dans son intérêt pour les arts décoratifs. *Variations en violet et vert* apparaît ainsi comme un des sommets du japonisme* whistlerien.
Les débuts de l'impressionnisme*, et notamment *Impression, soleil levant* de Monet*, furent sans conteste influencés par les recherches d'effets atmosphériques qu'offrent les paysages de Whistler. LDC

Wright (Frank Lloyd)

La fièvre architecturale qui saisit Chicago après l'incendie de 1871 engendre une cité verticale, composée de gratte-ciel d'acier et de verre.
Wright (1867-1959) entre dans l'agence de Sullivan et Adler, dont il est le principal dessinateur de 1888 à 1893, mais il s'oriente vers la construction de maisons d'habitation et ouvre sa propre agence.
Au début des années 1900, il conçoit, en intime harmonie avec le paysage, les fameuses Prairie Houses, caractérisées par un éclatement du plan traditionnel, les ailes et les étages se

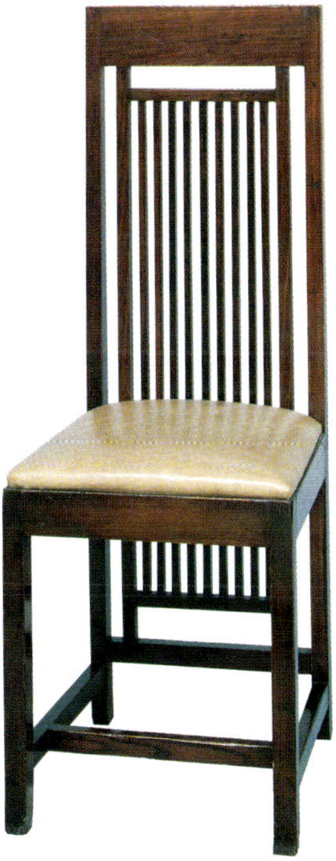

Frank Lloyd Wright, *Chaise* créée pour l'Isabel Roberts House, River Forest, Illinois, 1908. Chêne et cuir, 125 × 45 × 51.

développant librement à partir d'un noyau central ; il y emploie à découvert bois naturel, brique ou pierre.

Cette esthétique doit beaucoup à l'art du Japon*, dont il découvre l'architecture de bois, basse et horizontale en 1893, lors de l'Exposition colombienne de Chicago. Les meubles et surtout les sièges jouent un rôle essentiel dans la fragmentation de l'espace, ainsi les chaises créées pour l'Isabel Roberts House.

Dans le décor intérieur, il évolue vers un style dépouillé, abstrait, géométrique, faisant de lui l'un des pionniers de l'abstraction pure. CM

72 XXe siècle

Le tournant du siècle marque un changement ; l'Exposition parisienne de 1900 voit le triomphe des arts décoratifs avec les créations de Gallé* et Carriès, la Sécession viennoise*. Loos à Vienne, Wright* à Chicago, Mackintosh à Glasgow* s'orientent vers la simplicité, la liberté spatiale, un décor réduit et abstrait.

La sculpture reste dominée par Rodin*, tandis que Bartholomé, Bourdelle* et Maillol* se dirigent vers un classicisme fait de force, d'équilibre, de clarté et d'harmonie. Les Nabis* abandonnent les aplats de couleurs, les simplifications et adoucissent leurs teintes. Henri Rousseau* expose son univers étrange au Salon des Indépendants (*La Guerre*, 1894), participe au Salon d'Automne parmi les Fauves* en 1905, admiré par Alfred Jarry, Guillaume Apollinaire, Robert Delaunay et Pablo Picasso. Gustav Klimt à Vienne, Edvard Munch à Oslo, participent des mouvements « révolutionnaires » du début

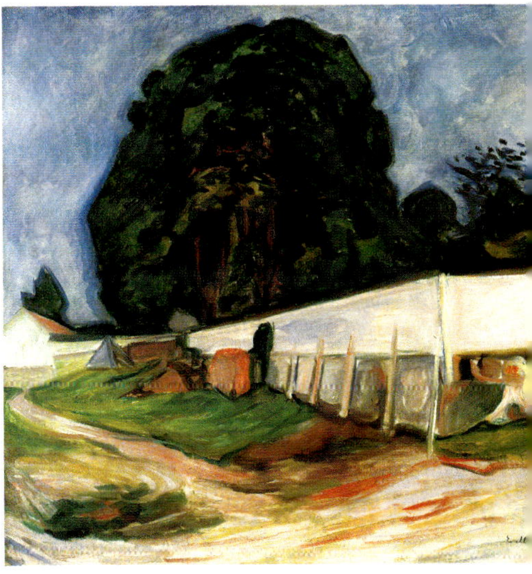

Edvard Munch, *Nuit d'été à Asgaarstrand*, 1904. H/t 99 × 103.

du siècle. Matisse emploie déjà dans *Luxe, calme et volupté* (1904, [46]), la gamme colorée de ses œuvres fauves, et Derain fait éclater la violence de couleurs pures, flamboyantes. CM

C H R O N O

1818 Louis XVIII fonde le Musée du Luxembourg, réservé aux artistes « vivants ».

1848 La seconde République est proclamée. Louis-Napoléon Bonaparte (« le Prince-Président ») remporte les élections.
Mort de Chateaubriand et parution de *ses Mémoires d'outre- tombe.*

1850 Mort de Balzac. Richard Wagner compose *Lohengrin* à Weimar.

1851 2 décembre : coup d'État de Louis-Napoléon Bonaparte qui dissout l'Assemblée Nationale.

1852 L'empire est proclamé : Napoléon III devient Empereur des Français.

1855 Exposition universelle organisée à Paris. Gustave Courbet, *L'Atelier.*

1857 Parutions des *Fleurs du Mal* de Baudelaire et de *Madame Bovary* de Flaubert.

1858-1859 Millet, *L'Angélus.*

1858-1860 Degas, *La famille Bellelli.*

1862 Victor Hugo, *Les Misérables* et Flaubert, *Salammbô.*

1863 15 mai : Ouverture du Salon des refusés où *Le Bain* de Manet (*Le Déjeuner sur l'herbe*) et *La Dame blanche* de Whistler font scandale. Cabanel, *Naissance de Vénus* et Manet, *Olympia.*

1867 Exposition universelle à Paris.

1870 Guerre entre la France et la Prusse. Capitulation de Sedan. 4 septembre : Proclamation de la IIIe République.

1871 18 mars-22 mai : Commune de Paris. 22 au 28 mai : la « semaine sanglante ». Incendie du Palais d'Orsay (la Cour des Comptes). Adolphe Thiers est au gouvernement.

1873 Le maréchal Mac-Mahon est nommé Président de la République.
Monet, *Les Coquelicots.*

1874 Jules Vernes, *Le Tour du monde en 80 jours* et Barbey d'Aurévilly, *Les Diaboliques.*
Première exposition impressionniste chez le photographe Nadar.

1875 Inauguration de l'Opéra de Paris. À l'Opéra-Comique, première représentation de Carmen de Bizet.

1876 Graham Bell invente le téléphone. Inauguration du théâtre de Bayreuth avec la première représentation de la Tétralogie de Wagner.
Renoir, *Le Bal du Moulin de la Galette.*

1877-1883 Burne-Jones, *La Roue de la Fortune.*

1879 Jules Grévy remplace Mac-Mahon, à la présidence. La Fête Nationale du 14 juillet est célébrée pour la première fois. *La Marseillaise* est choisie comme hymne national.

1880-1917 Rodin élabore la *Porte de l'Enfer.*

1881 Juliette Courbet offre à l'État *Un enterrement à Ornans* de son frère. Des lois libérales sont votées : gratuité de l'enseignement primaire, liberté de presse, de réunion.

1883 Mort de Manet.

1885 Mort de Victor Hugo. Zola publie *Germinal.*

1886 Le Musée du Luxembourg est transféré à l'Orangerie du Luxembourg.

1887 Sadi Carnot succède à Jules Grévy.

1889 La Tour Eiffel est inaugurée pour l'Exposition universelle.

1889-1890 Van Gogh, *La Sieste.*

1890 Le premier mai est célébré comme jour de lutte international des travailleurs.

1890-1895 Cézanne peint *Les Joueurs de Cartes.* Don à l'État, après un achat par souscription à l'initiative de Monet, Degas et Caillebotte, d'*Olympia* de Manet. Mme Pommery offre *Les Glaneuses* de Millet.

1891 Seurat, *Le Cirque* et Gauguin, *Le Repas.*

1892 L'affaire de l'isthme de Panama éclate.

1894 Sadi Carnot est assassiné. Jean Casimir-Périer est élu à la présidence. Début de l'affaire Dreyfus.

1895 Félix Faure devient Président de la République. Les frères Lumière inventent le cinématographe (première séance de cinéma le 28 décembre à Paris). H. G. Wells publie *La machine à explorer le temps.*

1896 Legs Caillebotte des œuvres de Manet (*Le Balcon*), de Renoir (*Le Bal du Moulin de la Galette*), de Monet, Cézanne, Pissarro, Sisley, etc. Première représentation à Turin de *La Bohème* de Puccini.

1897 Gide écrit *Les Nourritures Terrestres.*

1898 Pierre et Marie Curie découvrent le radium.

1899 Émile Loubet est élu président.

1900 Inauguration en juillet du Métro et de l'Exposition universelle. Inauguration le 14 juillet de la gare d'Orsay construite sur les plans de Victor Laloux.

1904 Le 18 avril, Jaurès fonde l'Humanité.
Matisse, *Luxe, calme et volupté.*

1905 La loi Briand sur la séparation de l'Église et de l'État est adoptée. Les Fauves font scandale au Salon d'Automne. Einstein découvre les lois de la relativité.

1906 Donation Étienne Moreau-Nélaton des œuvres de Daumier (*La République*), Fantin-Latour (*Hommage à Delacroix*), Manet (*Le Déjeuner sur l'herbe*), Monet (*Les Coquelicots, Le Pont d'Argenteuil*), etc. Armand Fallières est élu Président de la République.

1907 Picasso, *Les Demoiselles d'Avignon.*

L O G I E

1909 Donation Chauchard : *L'Angélus* de Millet, œuvres de Daubigny, Rousseau, Dupré, Meissonier. Édouard Blériot traverse la Manche en avion.

1911 Legs Camondo : *Répétition d'un ballet, L'Absinthe* et *Les Repasseuses* de Degas, *Lola de Valence* et *Le Fifre* de Manet, *Les Cathédrales de Rouen* de Monet, *L'Inondation à Port-Marly* de Sisley, *La Maison du pendu* de Cézanne, etc.

1913 Raymond Poincaré devient président. Parution d'*Alcool* d'Apollinaire. Première représentation du *Sacre du printemps* d'Igor Stravinsky par les ballets russes.

1914 Le 31 juillet, Jaurès est assassiné. Le 3 août, l'Allemagne déclare la guerre à la France.

1927 John Quinn lègue à l'État le *Cirque* de Seurat. Le cycle des *Nymphéas* de Monet est installé à l'Orangerie du Luxembourg.

1929 Jacques Doucet lègue à l'État *La Charmeuse de Serpents* du Douanier Rousseau. Crise de 1929.

1937 Legs Personnaz d'œuvres de Mary Cassatt, Guillaumin, Pissarro, Toulouse-Lautrec, etc.

1938 Le musée du Luxembourg est transféré au Musée d'art moderne du Palais de Tokyo.

1939 Le trafic grandes lignes est interrompu à la gare d'Orsay. Début de la Seconde Guerre mondiale.

1945 8 mai : Armistice de la guerre de 1939-1945. La gare d'Orléans est transformée en centre d'accueil pour les prisonniers.

1947 Ouverture du musée du Jeu de Paume, qui rassemble les œuvres impressionnistes.

1949-1954 Donation Gachet des œuvres de Van Gogh (*Autoportrait, L'Église d'Auvers*, etc.), de Cézanne, de Guillaumin, etc.

1956 Don M. et Mme Pellerin de *La Femme à la cafetière* de Cézanne.

1958 Proclamation de la Ve République. Retour à la Présidence du Général de Gaulle. André Malraux est nommé Ministre des Affaires Culturelles.

1961 Don Mollard d'œuvres de Boudin, Pissarro, Sisley, etc.

1962 Orson Welles tourne dans la gare d'Orsay son film *Le procès*.

1964 Don des héritiers de Jean-Victor Pellerin de *Achille Emperaire* de Cézanne.

1969 Mort du Général de Gaulle. Georges Pompidou est élu Président de la République.

1973 Donation Max et Rosy Kaganovitch d'œuvres de Derain, Gauguin, Monet, Van Gogh, Vlaminck, etc.

1974 Valéry Giscard D'Estaing est le nouveau Président de la République.

1978 Création d'un Établissement public pour mener à bien la transformation de la gare d'Orléans en musée du XIXe siècle.

1979 Premier concours d'architecture désigne l'équipe ACT (Renaud Bardon, Pierre Colboc, Jean-Paul Philippon) pour l'aménagement du musée, à laquelle se joindra en 1980 l'architecte italienne Gae Aulenti pour la décoration intérieure.

1980 Don M. et Mme David Weill des *Bustes des parlementaires* de Daumier, de la Chambre à coucher de Mackintosh.

1981 François Mitterrand est élu Président de la République. Jack Lang est Ministre de la culture jusqu'en 1993.

1986 Inauguration du musée d'Orsay.

1987 Exposition *Chicago.*

1988 Exposition *Van Gogh à Paris.*

1989 Exposition *L'Invention du regard.*

1991 Expositions *Le corps en morceaux* et *Munch et la France.*

1992 Expositions *Guimard* et *Sisley.*

1993 Expositions *La Collection Barnes* et *L'Europe des peintres.*

1994 Expositions *La Jeunesse des Musées, Nadar* et *Les oubliés du Caire.*

1995 Exposition *Whistler.*

1996 Exposition *Menzel « la névrose du vrai »*. Le musée d'Orsay fête ses dix ans.

BIBLIOGRAPHIE SÉLECTIVE

Caroline Mathieu, *Musée d'Orsay. Guide*, Paris, 1986.

Le Musée d'Orsay, collection « Albums », Paris, 1986.

Anne Pingeot, Antoinette Le Normand-Romain, Laure de Margerie, *Catalogue sommaire illustré des sculptures*, Paris, 1986.

Henri Loyrette, Caroline Mathieu, Marie-Laure Crosnier Leconte, *Catalogue sommaire illustré des dessins d'architecture et d'art décoratif*, Paris, 1986.

Marc Bascou, Marie-Madeleine Massé, Philippe Thiébaut, *Catalogue sommaire illustré des arts décoratifs*, Paris, 1988.

Isabelle Compin, Geneviève Lacambre, Anne Roquebert, *Catalogue sommaire illustré des peintures*, Paris, 1990.

Chefs-d'œuvre du musée d'Orsay, Paris, 1995.

Musée d'Orsay. Guide de poche. Paris, 1996.

INDEX

INDEX

GUIDE PRATIQUE

Musée d'Orsay (16-1) 40 49 48 14
62, rue de Lille, 75343 Paris cedex 07
Entrée principale (musée et expositions-dossiers) : 1, rue de Bellechasse - 75007 Paris
Entrée des expositions temporaires : Place Henry-de-Montherlant (quai Anatole France)
Comptoirs d'accueil : (16-1) 40 49 48 48 - (16-1) 40 49 49 94
Minitel : 36 15 ORSAY (1,29F la minute)
Répondeur informations générales : (16-1) 45 49 11 11

Horaires d'ouverture :
Lundi : jour de fermeture
Mardi, mercredi, vendredi et samedi de 10h à 18h
Jeudi de 10h à 21h 45
Dimanche de 9h à 18h
Fermeture des salles à partir de 17h 30 (21h 15 le jeudi)

Comment s'y rendre ?
Bus : 24, 65, 68, 69, 73, 83, 84, 94
Métro - RER : ligne 12, station Solférino - ligne C, station Musée d'Orsay
Parcs de stationnement : Deligny, Louvre, Montalembert

Réservations - Groupes
Groupes scolaires au (16-1) 45 49 45 46 - Groupes d'adultes au (16-1) 45 49 16 15
Accueil des groupes (30 personnes maximum) du mardi au samedi de 9h à 14h 30
et le jeudi de 9h à 14h 30 et de 18h à 19h 30.

Directeur de la Série Patrimoine : Stéphane GUÉGAN
Coordination éditoriale : Béatrice PETIT
Rewriting : Marine DECAËNS
Direction artistique : Frédéric CÉLESTIN
Mise en pages : Thierry RENARD
Photogravure, Flashage : Pollina s.a., Luçon
Papier : BVS-Plus brillant 135 g. distribué par Axe Papier, Champigny-sur-Marne
Couverture imprimée par Pollina s.a., Luçon
Achevé d'imprimer et broché en août 1996 par Pollina s.a., Luçon

ISBN : 2-08-012477-3
ISSN : 1258-2794
N° d'édition : 1220
N° d'impression : 69953
Dépôt légal : septembre 1996
Imprimé en France

Pages 4-5 : Vincent Van Gogh, *L'Église d'Auvers-sur-Oise, vue du chevet* (détail), 1890.